COLLECTION DE FEU M. LOUIS FOULD

OBJETS D'ART
ANTIQUITÉS
ET
TABLEAUX

VENTE LE LUNDI 4 JUIN 1860
ET JOURS SUIVANTS

Me **CHARLES PILLET**
Commissaire-Priseur
Rue de Choiseul, 11

OBJETS D'ART
M. ROUSSEL, expert.

TABLEAUX
M. LANEUVILLE, expert.

PARIS. IMPRIMERIE A. PILLET FILS AINÉ
RUE DES GRANDS-AUGUSTINS, 5

1860

CATALOGUE

DE LA PRÉCIEUSE COLLECTION

D'OBJETS D'ART

D'ANTIQUITÉS

ET

DE TABLEAUX

DE FEU M. LOUIS FOULD

ANTIQUITÉS ÉGYPTIENNES, GRECQUES ET ROMAINES. Terres cuites et émaillées, Sculptures en marbre, Matières précieuses, Vases en porphyre et en granite, Coupes et Vases des plus précieux en sardoine, Bronzes, Verreries, Vases dits étrusques, Camées et Intailles, Bijoux en or.

OBJETS D'ART DU MOYEN AGE. Objets de culte, Émaux byzantins, Bois et Ivoires sculptés, Faïences italiennes, Faïences de Bernard Palissy, Émaux de Limoges, Verreries de Venise, Bronzes florentins, Matières précieuses, Vases et Coupes en sardoine, agate orientale, cristal de roche, lapis lazuli, etc., Camées et Intailles, Bijoux en or émaillé, Objets d'orfévrerie, Tabatières, Bonbonnières.

OBJETS ORIENTAUX. Vases sculptés en jade, agate et cristal de roche, laque de Chine et du Japon. Émaux cloisonnés, Porcelaines Céladon, Armes très-riches.

OBJETS D'AMEUBLEMENT. Armoires, Tables, Lustres, Feux, Candélabres, Chaises, Fauteuils, etc.

TABLEAUX ANCIENS ET MODERNES, par Téniers, Wouvermans, Brascassat, Ary Scheffer et autres

DONT LA VENTE AUX ENCHÈRES PUBLIQUES AURA LIEU

RUE DE BERRY, 29

Le Lundi 4 Juin 1860 et jours suivants

A UNE HEURE

Par le ministère de M*e* **CHARLES PILLET**, Commissaire-Priseur,
rue de Choiseul, 11,

Assisté { pour les Objets d'Art, de M ROUSSEL, rue Neuve de l'Université, 5,
{ pour les Tableaux, de M. LANEUVILLE, rue Neuve des Mathurins, 73,

Chez lesquels se distribue le présent catalogue.

EXPOSITIONS { PARTICULIÈRE, le Samedi 2 Juin 1860 ;
{ PUBLIQUE, le Dimanche 3 Juin 1860,
De une heure à cinq heures.

PARIS. IMPRIMERIE DE PILLET FILS AINÉ

RUE DES GRANDS-AUGUSTINS, 5.

1860

CONDITIONS DE LA VENTE

Elle sera faite au comptant.

Les adjudicataires payeront cinq pour cent en sus des enchères, applicables aux frais.

TABLE DES MATIERES

ANTIQUITÉS ÉGYPTIENNES

	Pages
Amulettes; animaux symboliques.	29
Figurines; Divinités.	9
Objets divers.	40
Scarabées.	18
Sculptures, monuments de grande dimension.	5
Vases en bronze.	38
Vases en terre.	38
Vases en verre.	39

ANTIQUITÉS DE L'ASIE

Camées.	41
Intailles orientales.	41

ANTIQUITÉS GRECQUES ET ROMAINES

Bustes.	44
Bijoux d'or chrétiens.	78
Bijoux en or	73
Groupes.	44
Ivoire.	79
Médailles.	71
Monuments en verre et pâte de verre.	108
Objets divers en pâte de verre.	118
Pierres gravées en creux, mythologie.	71
Statues.	44
Statuettes en bronze.	80
Statuettes en terre cuite et bas-reliefs.	93
Vases d'argent.	79
Vases peints.	95

MOYEN-AGE

Émaux dit byzantins.	130
Ivoire.	128
Mosaïque.	135
Orfévrerie.	123
Peintures.	135
Sceau.	137
Sculpture.	123

RENAISSANCE ET TEMPS MODERNE

	Pages
Bijoux	148
Bronzes florentins et autres	155
Camées	141
Émaux	165
Faïence	184
Figures et bas-reliefs en faïence émaillée	175
Intailles	142
Ivoires sculptés	151
Majoliques	176
Médailles de la Renaissance	162
Orfèvrerie	145
Porcelaines de Saxe	198
Porcelaines de Sèvres, pâte tendre	199
Sculptures, colonnes, vases, etc.	137
Terre cuite, grès, verrerie	185
Vases à réticellis	193
Vases à ritortis	191
Verres d'Allemagne	198

RENAISSANCE

Antiquités américaines	238
Armes	238
Bois sculpté	200
Bronzes	215 et 230
Curiosités chinoises	208
Émaux	217
Faïences de Perse	244
Horlogerie	202
Laques	232
Laque de Chine	220
Meubles	201
Objets de l'Inde	245
Objets divers	237
Objets mobiliers	249
Objets orientaux	244
Objets orientaux en bronze	247
Pierres gravées arabes	247
Porcelaine de Chine	220
Serrurerie	204
Statuettes en bois	219
Vases en porcelaine de Japon	236
Tableaux	255

DÉSIGNATION
DES OBJETS

ANTIQUITÉS ÉGYPTIENNES

SCULPTURE

MONUMENTS DE GRANDE DIMENSION

1 — Pierre calcaire. — Tête colossale d'une statue d'Osiris. Le dieu tient le pedum et le flagellum; il est coiffé de la mitre habituelle. C'est un fragment de pilastre ou de cariatide. Provenant de la vente Anastasie. Haut. 47 cent.

2 — Granit noir. — Tête barbue d'un dieu, surmontée du disque solaire avec l'urœus au front. Haut. 46 cent.

3 — Pierre calcaire. — Figure d'un pastophore ou naophore agenouillé (qui porte une chapelle). Dans la chapelle ou naos est figurée, grossièrement, l'image d'Osiris. Haut. 62 cent.

4 — Pierre calcaire. — Groupe funéraire, représentant en naut relief un homme, sa femme et leur fils. Les époux se tiennent enlacés et sont assis sur une sorte de banc à dossier; le fils est représenté debout entre son père et sa mère. Le père est nu sauf la schenti; la femme porte une tunique qui part du milieu du corps et descend sur les jambes. Des inscriptions gravées en creux sur la ceinture de l'homme, sur la tunique de la femme et près de la représentation du fils, nous donnent les noms et qualités de ces personnages. Haut. 43 cent. larg. 30 cent. (Voir le catalogue scientifique.)

5 — Pierre calcaire. — Groupe funéraire, un homme et sa femme assis. Des inscriptions nous apprennent que l'homme était *grand odiste d'Ammon* et la femme grande odiste de la déesse Mout. Haut. 90 cent.

6 — Pierre calcaire. — Groupe funéraire de quatre personnages assis sur un banc à dossier (haut relief). Ces quatre figures sont des époux; les deux hommes sont au milieu; ils tiennent chacun de la main droite un objet peu distinct, peut-être une fleur de lotus. Les noms de chacun de ces personnages sont gravés en creux sur leur robe. Haut. 20 cent.

7 — Calcaire siliceux. — Sarcophage en forme de momie, avec tête virile imberbe banale. Une inscription hiéroglyphique en une seule colonne nous donne le nom du défunt; c'était un grammate ou scribe de Coptos, revêtu de fonctions sacerdotales. Haut. 1 m. 72 cent.

8 — Pierre calcaire. — Simulacre de porte. On plaçait ces

portes au fond des tombeaux pour cacher une cavité dans laquelle était le portrait du défunt sculpté en ronde bosse, ou un groupe analogue à celui qui est décrit sous le n° 5. C'est le seuil de la demeure dernière. En haut on lit un proscynème ou acte d'adoration à Osiris, au nom du défunt. Haut. 1 m. 72 cent.

9 — Pierre calcaire. — Stèle ou simulacre de porte. Dans la moulure en haut, une barque sacrée et l'image d'Osiris avec sa légende. Au-dessous, six registres décorés de figures accompagnées de légendes hiéroglyphiques. On lit les noms de Chem-Aa, fils de Tata, fils de Ai. Les autres registres sont occupés par vingt-quatre personnages de la même famille. Haut. 97 cent., larg. 46 cent.

10 — Pierre calcaire. — Autre stèle; l'inscription est un acte de dévotion adressé à Osiris et au dieu Ap-Herou, forme d'Anubis en l'honneur du nommé Sebek-Tataou, par ses fils. Haut. 76 cent., larg. 44 cent.

11 — Pierre calcaire. — Autre stèle, de l'an XIV d'Amenemhâ II de la douzième dynastie. Au milieu de légendes hiéroglyphiques on distingue la figure debout, gravée et peinte, du défunt Mentou-Nsou. Il avait des fonctions sacerdotales dans le temple du dieu Mentou, dont son nom est un composé. Haut. 88 cent., larg. 38 cent.

12 — Grès gris. — Stèle funéraire de forme cintrée. Proscynème à celui qui est dans l'Amenti (Osiris). Haut. 50 cent., larg. 32 cent.

13 — Pierre calcaire. — Autre stèle en deux parties. La pre-

mière offre Hathor sous la forme d'une vache; la seconde sept personnages debout dans diverses attitudes d'adoration, avec leurs légendes. Haut. 38 cent., larg. 23 cent.

14 — Pierre calcaire. — Stèle funéraire cintrée; dans le haut, les deux yeux et l'anneau symbolique entre deux chacals accroupis, et au-dessous une inscription. Haut. 10 cent., larg. 23 cent.

15 — Pierre calcaire. — Autre stèle funéraire, cintrée dans le haut, portant un proscynème à Osiris, au nom d'un personnage *Ra-hapt*. Haut. 44 cent., larg. 34 cent.

16 — Albâtre. — Vase funéraire couvert par la tête humaine du génie Amset. Légende : Prière à Isis et à Amset au nom de la défunte *Te-oueh-amen*, fille de *Te-Oueh-pacht*. Haut. 38 cent.

— Ce vase et ceux n⁰ˢ 18, 20 et 21 ci-après décrits, forment la série complète de la défunte *Te-ouch-amen*.

17 — Albâtre. — Vase funéraire avec la tête humaine du génie *Amset*. Inscription : Prière à *Amset* au nom du prêtre *Neb-peh-ti-rá-nefer-het*, fils de *Anh-Chons* et enfanté de *Nefer-noub*. (Ce dernier nom est celui de la mère.) Haut. 38 cent.

18 — Albâtre. — Vase funéraire avec la tête du génie Hapi, cynocéphale. Inscription : Prière à *Nephthys* et à *Hapi* au nom de la défunte *Te-oueh-amen*. Haut. 42 cent.

19 — Albâtre. — Vase funéraire avec la tête de chacal du génie Tioumautef, avec inscription. Haut. 42 cent.

20 — Albâtre. — Vase funéraire avec la tête de chacal du génie Tioumautef, et inscription. Haut. 40 cent.

21 — Albâtre. — Vase funéraire avec la tête d'épervier du génie Keb-son-if, avec inscription. Haut. 42 cent.

22. — Albâtre. — Chenet d'un très-beau travail. Haut. 23 cent.

FIGURINES

DIVINITÉS

23 — Terre émaillée brune. — Ammon générateur; figurine debout, ithyphallique. Haut. 45 mill.

24 — Terre émaillée verte. — Autre figure du même dieu. Haut. 25 mill.

25 — Quartz blanc. — Fragment d'une figurine du même dieu. Haut. 65 mill.

26 — Terre émaillée. — Ammon debout.

27 — Terre émaillée verte. — Chons dieu lumière, figure barbue, debout.

28 — Terre émaillée. — Figurine du même dieu.

29 — Terre émaillée bleue. — Chons, représenté nu et assis.

30 — Terre émaillée verte. — Le dieu Chons debout et imberbe.

31 à 34 — Terre émaillée verte. — Chnouphis ou Noum debout, avec la tête de bélier.

35 — Pâte de verre bleu. — Chnouphis à tête de bélier, avec le disque entre deux urœus, posé sur les deux cornes de bélier.

36 à 44 — Terre émaillée de diverses couleurs. — Chnouphis ou Noum, figurines debout à tête de bélier, avec la schenti.

45 — Sardoine brune. — La déesse *Ap*, *Apt* ou *Schepou*, appelée aussi Thouoris la grande, représentée debout avec la tête d'une lionne, le corps d'un hippopotame et les mamelles pendantes. Haut. 67 mill.

Objet très-précieux par le travail et la rareté de la matière. Provient de la vente Anastasie.

46 — Terre émaillée verte. — *Apt*, représentée debout avec tête, corps et jambes d'hippopotame et les bras humains. Haut. 9 cent.
Travail très-fin.

47 — Terre émaillée verte. — La même divinité représentée sous la même forme, mais sans collier. Haut. 10 cent.

48 — Terre émaillée bleu gris. — La déesse Apt, figure de femme à tête d'hipopotame et mamelles pendantes.

49 à 53 — Terre émaillée. — Autres figures de la même divinité.

54 — Lapis lazuli. — La déesse Neith, coiffée de la partie inférieure du pschent, les mains collées contre le corps. Haut. 38 cent.

55 — Lapis lazuli. — La déesse Neith, coiffée de la partie inférieure du pschent. Haut. 28 cent.

56 — Terre émaillée bleue. — Ptah ou Patèque, figure debout, entièrement nue.

57 à 59 — Terre émaillée. — La même divinité.

60 et 61 — Terre émaillée verte — Ptah ou Patèque, avec coiffure et collier.

62 — Terre émaillée bleue. — Ptah debout, les pieds posés sur la tête de deux crocodiles. Sur sa tête un scarabée. Derrière est la figure de Nowre-atoum, avec la coiffure de deux plumes sortant d'une fleur de lotus, et la schenti; sur le flanc droit de Ptah, la figure de Pacht; sur le flanc gauche, la figure de Neith. Haut. 50 mill.

63 — Jaspe vert veiné blanc. — Ptah ou Patèque, la tête surmontée d'un scarabée.

64 — Hématite. — Ptah barbu, tenant sur sa poitrine le Tat.

65 — Bronze. — Hâpi ou le bœuf Apis. Haut. 3 cent.

66 — Terre émaillée. — Le bœuf Apis.

67 et 68 — Terre émaillée. — Râ ou Phra, dieu solaire à tête d'épervier. Haut. 33 cent.

69, 70, 71 et 72 — Terre émaillée. — Dieu solaire, figure virile barbue, à demi accroupi, les bras élevés, la tête surmontée d'un disque.

73 — Lapis lazuli. — La déesse Ma, dont le nom signifie Justice et Vérité.

74 — Lapis lazuli. — Autre semblable.

75 — Lapis lazuli. — La déesse Selk ou Serk, figurine debout, la tête surmontée d'un scorpion.

76, 77, 78, 79, 80 et 81 — Lapis lazuli. — La même divinité.

82 — Bronze. — Pacht debout, avec tête de chatte, vêtue d'une robe serrée contre le corps, tenant de la main droite le sistre et de la main gauche une sorte d'égide. Haut. 12 cent.

83 — Terre émaillée bleue. — La déesse Pacht debout, à tête de lionne coiffée d'un urœus. Haut. 11 cent.

84, 85, 86, 87 et 88 — Terre émaillée. — Pacht, à tête de lionne.

89 — Terre émaillée verte. — Figure assise d'une déesse, qui est du genre de Pacht; elle a un poisson sur la tête.

90 — Terre émaillée bleue. — Nofré-Toum ou Nowre-atoum, dont la figure est coloriée au naturel; il a sa coiffure habituelle, quatre plumes sortant d'une fleur de lotus. Monument d'une grande finesse et d'une parfaite conservation; le travail annonce la vingt-sixième dynastie. Haut. 10 cent.

91 — Terre émaillée verte. — Nofré-Toum. Le dieu est représenté debout, nu, sauf la schenti, les bras collés contre le corps.

92 — Terre émaillée brune. — Nofré-Toum.

93 — Terre émaillée bleue. — Hathor. La déesse est debout, coiffée de deux cornes et du disque solaire.

94 — Bronze. — Osiris; figurine debout, les mains croisées sur la poitrine, tenant le fouet et le crochet, symboles de gouvernement. Il est coiffé de la couronne blanche ou partie supérieure du pschent. Haut. 18 cent.

95 — Bronze incrusté d'or. — Osiris représenté debout, coiffé du hât et portant les mêmes attributs que la figure précédente. Haut. 13 cent.

96 — Bronze. — Osiris; figurine debout, avec l'atew, son diadème ordinaire, comme juge infernal.

97 — Terre émaillée bleue. — Osiris assis sur un trône à dossier. Haut. 7 cent.

98 — Bronze. — Isis allaitant Horus; elle est coiffée du disque entre les cornes de vache; les yeux de la déesse sont incrustés en argent; on lit sur le socle : Isis donne la vie à Hâpi, fils de T'aho ou T'aher. Haut. 24 cent.

99 — Terre émaillée verte. — La même divinité, coiffée du trône, hiéroglyphe de son nom. Haut. 17 cent.

100 — Terre émaillée bleue. — La même divinité, coiffée comme au n° 98.

101 — Terre émaillée bleue. — La même divinité, coiffée comme au n° 99. Haut. 5 cent.

102 — Bronze. — Égide d'une déesse, Isis ou Hathor. La tête de la déesse en relief décore le haut; elle est surmontée d'une couronne; les yeux sont incrustés d'émail. Haut. 17 cent.

103 — Terre émaillée bleue. — Isis allaitant Horus.

104 — Terre émaillée bleue. — Isis allaitant Horus.

105 — Lapis lazuli. — Isis coiffée du trône, hiéroglyphe de son nom.

106 — Terre émaillée. — Isis ptérophore (ailée) debout, la tête surmontée d'un disque.

107 à 112 — Terre émaillée bleue. — Isis coiffée du trône.

113 — Lapis lazuli. — La déesse Nephthys, Nevti, sœur d'Isis et d'Osiris, coiffée d'une corbeille sur une maison, hiéroglyphe de son nom.

114 et 115 — Lapis lazuli. — Nephthys.

116, 117, 118 et 119 — Terre émaillée. — Nephthys.

120 à 126 — Terre émaillée. — Triade d'Isis, Horus et Nephthys, figures debout.

127 à 130 — Terre émaillée. — Anubis à tête de chacal, figure debout, nu, sauf la schenti.

131 — Terre émaillée bleue. — Le dieu ibicocéphale Thoth, à tête d'ibis, l'Hermès égyptien, debout. Hauteur 12 cent.

132 — Lapis lazuli. — Le dieu Thoth, figure debout.

133 à 143 — Terre émaillée verte et bleue. — Autres figures du même dieu.

144 — Terre émaillée bleue. — Thoth assis, la tête surmontée du disque et du croissant.

145 — Pâte d'émail bleu. — La déesse Safekh.

146 à 148 — Lapis lazuli. — Haroeris ou le grand Horus.

149 à 153 — Terre émaillée. — Haroeris, figure à tête d'épervier, coiffé du pschent.

154 — Terre émaillée bleue. — Harpocrate ou Horus enfant.

155 — Terre émaillée bleue. — Typhon, coiffé de plumes.

156 — Terre émaillée bleue. — Typhon, sans la coiffure de plumes.

157 à 160 — Terre émaillée. — Typhon debout, jouant du tympanum.

161 — Bois. — Amset, génie funéraire à tête humaine peinte en rouge.

Cette statuette et les trois suivantes forment la série des divinités funéraires, comme on les trouve sur les vases. (Voir plus haut, n°s 16 et suivants.)

162 — Bois. — Hapi, génie funéraire à tête de singe dite cynocéphale.

163 — Bois. — Tioumautef, génie funéraire à tête de chacal peinte en noir. Haut. 8 cent.

164 — Bois. — Keb-son-if, à tête d'épervier peinte en blanc.

165 — Terre émaillée. — Amset, génie funèbre.

166 — Terre émaillée. — Tête du génie funèbre Hapi, fils d'Osiris.

167 et 168 — Terre émaillée. — Figure du génie funèbre à tête d'épervier Keb-son-if.

169, 170 et 171 — Terre émaillée et lapis. — Trois figurines incertaines.

172 — Lapis lazuli. — Déesse nue debout.

FIGURINES FUNÉRAIRES

173 — Serpentine. — Figure funéraire portant la formule ordinaire au nom du défunt Té-nefer.

174 — Serpentine. — Figurine funéraire en gaîne au nom de Mâ-Hou, portant sur la poitrine l'oiseau à tête humaine, symbole de l'âme. Le reste est couvert de caractères hiéroglyphiques. Haut. 17 cent.

175 — Serpentine. — Figurine funéraire d'un basilico-grammate nommé Atennou. Haut. 15 cent.

176 — Serpentine. — Figurine funéraire avec les inscriptions ordinaires et un épervier sur la poitrine. Hauteur 12 cent. Monument remarquable qui provient de la vente Anastasie.

177 — Serpentine. — Figurine funéraire du prophète du quatrième ordre d'Ammon. Haut. 15 cent.

178 — Serpentine. — Autre d'un fonctionnaire nommé Eneï. Haut. 20 cent.

179 — Serpentine. — Figurine funéraire, homme vêtu d'une longue robe : Apet-pii. Haut. 15 cent.

180 — Serpentine. — Figure funéraire ; le premier scribe royal du Seigneur des deux mondes. Haut. 11 cent.

181 — Serpentine. — Figurine funéraire; le grammate de la demeure des récoltes du temple de Ptah'Houï. Haut. 10 cent.

182 — Basalte. — Figurine funéraire; le grammate des soldats, Amen-em-ha. Haut. 15 cent.

183 — Pierre calcaire. — Figurine funéraire d'Houï, greffier du tribunal. Haut. 14 cent.

184 — Terre émaillée. — Figurine funéraire de Pet-Isis, chargé de la musique du pharaon. Haut. 8 cent.

185 — Terre émaillée. — Figurine funéraire portant la légende d'Osiris. Haut. 12 cent.

186 à 197 — Terre émaillée. — Figurines funéraires en gaîne d'un prêtre nommé Aï-Em-Hotep, enfanté de Sat-arban; c'est le nom de l'Esculape égyptien, dont les Grecs ont fait Imouthès. Haut. 14 cent.

198 — Terre émaillée bleue. — Figurine funéraire de Ptah-Ses et sa mère Noub-ai-ta. Haut. 12 cent.

199 — Terre émaillée bleue. — Figurine funéraire.

ROIS, HOMMES, ANIMAUX

200 — Bronze. — Roi égyptien agenouillé, adorant. Haut. 16 cent.

201 — Serpentine. — Égyptien accroupi, la main gauche sur la poitrine, avec inscriptions. Haut. 11 cent.

202 — Serpentine. — Le grammate Riaé, debout, vêtu d'une grande robe sur laquelle on lit son nom, ainsi qu'un

extrait du rituel funéraire relatif à la culture des champs Élysées. Haut. 14 cent.

203 — Serpentine. — Groupe de deux époux égyptiens assis sur un banc à dossier. Haut. 13 cent. Travail fin.

204 — Émail purpurin incrusté d'émaux. — Tête de profil du pharaon Aménophis III. Fragment d'un bas-relief d'applique d'excellent travail. Haut. 6 cent.

205 — Purpurine rouge. — Tête humaine de profil. Fragment d'une incrustation. Haut. 25 cent.

206 — Ivoire. — Figurine de femme debout, entièrement nue, les bras collés le long du corps. Haut. 11 cent.

207 — Terre émaillée verte. — Lion couché, figurine d'applique. Haut. 7 cent., long. 14 cent.

208 — Bronze. — Chat assis, avec incrustations d'or et d'argent. Haut. 8 cent.

SCARABÉES

209 à 224 — Terre émaillée de diverses couleurs. — Scarabées portant sur le plat le nom d'Ammon, avec ou sans symbole.

225 — Terre émaillée. — Scarabée; sur la base le nom d'Ammon, au-dessus d'une table de pêcheur.

226 — Lapis lazuli. — Scarabée. Ammon et Mauth se tenant par la main, au-dessus des divinités.

227 et 228 — Terre émaillée verte. — Scarabée portant sur la base le nom d'Ammon.

229 — Terre émaillée. — Scarabée; sur le plat, un épervier volant au-dessus du nom d'Ammon.

230 — Schiste. — Scarabée portant le nom de la déesse à tête de serpent, Hapt, et le signe de la totalité.

231 — Schiste. — Scarabée; sur le plat on distingue Pth-ta-a-nh-..... Ptah, vivificateur.

232 — Terre émaillée. — Scarabée; sur le plat le nom d'Ammon Râ. Haut. 2 cent.

233 — Terre émaillée. — Autre semblable.

234 — Terre émaillée bleue. — Sur le plat, Râ-r-ta ou Rta-râ, don du soleil?

235 — Schiste émaillé. — Râ-neb-mâ-nfr. Soleil, seigneur de vérité et de bonté.

236 — Améthyste. — Scarabée; sur le plat le roi, sous la figure d'un sphinx, coiffé de la partie supérieure du pschent et marchant sur un ennemi terrassé. Dans le champ les signes Bon et Vivant, seigneur des deux mondes.

237 — Terre émaillée. — Scarabée portant le prénom Râ-n-mâ d'Amenemhé, roi de la douzième dynastie.

238 — Terre émaillée.—Scarabée; sur le plat, Râ-ke-h'eper ou Râ-ser-h'eper. Le prénom d'Ousertesen, premier roi de la douzième dynastie, et celui de Neh'-t-neb-if, roi de la trentième, est Râ-h'eper-ké.

239 — Schiste émaillé. — Scarabée; sur le plat Urœus ailé, avec un anneau symbolique; auprès du cartouche, prénom du roi Toutmès III, Râ-men-h'eper, de la dix-huitième dynastie; au-dessus les mots : *Dieu bon à toujours.*

240 à 243 — Terre émaillée bleue. — Scarabées portant sur la base le prénom de Toutmès III.

244 — Terre émaillée. — Scarabée portant le nom de Toutmès III.

245 — Schiste émaillé. — Scarabée portant le nom de Toutmès III, les signes d'offrande et la figure de la déesse Mâ.

246 — Terre émaillée. — Scarabée portant le Dieu bon, seigneur des deux mondes, Râ-men-h'eper, etc. C'est Toutmès III, roi de la dix-huitième dynastie.

247 — Schiste émaillé, monté en bague d'argent, portant les prénoms de Toutmès IV, roi de la dix-huitième dynastie.

248 — Schiste émaillé, monté en bague de bronze, portant le prénom du même roi, avec les titres Maître de la Chopesh, aimé d'Ammon.

249 — Schiste jaunâtre. — Scarabée; on lit sur le plat : Râ-usr-mâ-mer-n-tt, Râ-ouser-mâ-mere-n-Thoùt.

250 — Terre émaillée. — Scarabée portant Râh-ueh-het, prénom de Psametik Ier, trente-sixième dynastie.

251 — Schiste. — Scarabée; sur le plat Râ-ouser.

252 — Terre émaillée. — Scarabée, où l'on voit un roi age-

nouillé adorant un obélisque et le disque du soleil, symbole d'Ammon-Râ.

253 — Terre émaillée. — Scarabée ; sur le plat, un roi casqué, debout ; à côté de lui son épithète : *Approuvé d'Ammon.*

254 — Terre émaillée. — Scarabée, en l'honneur d'une reine. Haut. 4 cent.

255 — Terre émaillée. — Scarabée, avec le nom de la royale épouse Taia.

256 — Terre émaillée. — Scarabée portant une abeille, symbole de royauté.

257 et 258 — Terre émaillée. — Scarabée ; sur le plat, groupes de signes qui se rencontrent dans les prénoms royaux.

259 à 266 — Terre émaillée. — Scarabées portant divers symboles relatifs à la royauté.

267 à 274 — Terre émaillée. — Huit petits scarabées portant diverses légendes du soleil, analogues à celles dont on composait les prénoms royaux.

275 — Terre émaillée. — Scarabée portant le nom de Amenhotep.

276 — Terre émaillée. — Scarabée avec le nom du prophète d'Horus, Sebek-Neb.

277 — Schiste. — Scarabée ; sur le plat on lit : Hn-h'nsu-su (tn) m... m... Le prophète de Chonsou, roi dans la Thébaïde.

278 — Schiste. — Scarabée portant le nom Chousou-men.

279 — Terre émaillée. — Scarabée portant la légende d'un personnage ayant les titres de : H'eb-samer-oua-mour-se, et nommé Semb-sou-a'm.

280 — Jaspe vert. — Scarabée portant le nom du possesseur, Nsa-tcou, chargé du sanctuaire

281 — Basalte. — Scarabée portant le nom du grammate Sen-Thouth.

282 — Terre émaillée. — Scarabée avec les caractères hiéroglyphiques Amn'-a'nh'-s, nom propre féminin dont le sens est : Celle dont Ammon est la vie.

283 — Jaspe gris. — Scarabée avec légende.

284 — Schiste gris. — Scarabée funéraire. L'inscription hiéroglyphique donne, selon l'usage, le commencement du chapitre xxx du Rituel funéraire et les noms du défunt : Mer... m... Chousou; c'était un prêtre d'Ammon.

285 — Basalte vert. — Scarabée funéraire, au nom d'un prince, le Souten-si (fils royal) Kemi. Haut. 6 cent.

286 — Calcédoine blanche. — Scarabée funéraire, avec inscription relative au vanneau, symbole d'Osiris.

287 — Schiste. — Scarabée funéraire, au nom de Neb... mès. Haut. 7 cent.

288 — Jaspe vert. — Scarabée funéraire, au nom du défunt Neb-Mahou?

289 — Jaspe vert. — Scarabée funéraire, au nom du défunt Sotep-en-râ-Pehou-r-necht. Haut. 6 cent.

290 — Lapis lazuli. — Scarabée funéraire portant le nom du défunt Pe-sar.

291 — Jaspe vert. — Autre à tête humaine.

292 — Schiste. — Autre avec la formule habituelle. Haut. 7 cent.

293 — Jaspe vert. — Autre avec le nom du défunt, Chonsou-artas, enfanté de Tsenti...s. Haut. 7 cent.

294 — Terre émaillée. — Autre, avec cartouche, de la femme du roi Aménophis III.

295 — Basalte. — Autre portant le nom du défunt, Teï.

296 — Lapis lazuli. — Autre à tête de bélier, l'animal de Chnouphis; sur le plat le cartouche royal d'Osiris.

297 à 301 — Terre émaillée. — Cinq petits scarabées portant la barque du Soleil et divers symboles.

302 — Terre émaillée. — Scarabée portant un chat couché dans le champ, avec légende.

303 — Schiste. — Autre offrant le signe de la vie entre deux figures assises de Ma.

304 — Terre émaillée. — Autre avec le symbole de la vie entre deux plumes.

305 — Terre émaillée. — Autre portant le signe de la vie et une feuille.

306 à 308. — Terre émaillée. — Scarabées; sur le plat, signe de la vie et divers autres symboles.

309 — Terre émaillée bleue. — Scarabée; on lit sur la base : Anh-t-, la vie ou la vivante.

310 — Terre émaillée. — Scarabées; sur le plat, les signes de la vie et de la totalité.

311 — Schiste gris. — Scarabée; sur le plat, Pacht léontocéphale debout devant Ptah, assis.

312 — Terre émaillée. — Scarabée; sur le plat, Pacht léontocéphale debout et une autre divinité.

313 — Schiste calciné. — Scarabée; sur le plat le symbole de Pacht, orné de la tête d'Hathor, à oreilles de vache.

314 — Terre émaillée. — Scarabée; sur le plat une chatte accroupie, symbole de Pacht.

315 — Terre émaillée. — Scarabée offrant une sorte de sistre, symbole de Pacht.

316 — Terre émaillée. — Scarabée offrant une sorte de sistre, orné de la tête d'Hathor, à oreilles de vache.

317 — Terre émaillée. — Scarabée présentant un chacal, symbole d'Anubis.

318 et 319 — Terre émaillée. — Scarabées offrant l'image du cynocéphale assis.

320 — Terre émaillée. — Scarabée; cynocéphale, symbole de Thoth.

321 et 322 — Schiste. — Scarabée avec épervier, symbole d'Horus.

323 — Schiste. — Scarabée offrant une divinité debout entre deux éperviers.

324 — Terre émaillée. — Scarabée avec personnage debout entre deux urœus.

325 — Terre émaillée. — Scarabée avec tête de bélier.

326 — Terre émaillée. — Scarabée offrant deux urœus opposés.

327 — Terre émaillée. — Scarabée présentant un urœus ailé et un œuf.

328 — Terre émaillée. — Scarabée présentant le disque du soleil.

329 — Terre émaillée. — Autre avec le disque du soleil.

330 — Terre émaillée. — Autre portant le même signe.

331 et 332 — Terre émaillée. — Deux petits scarabées offrant Urœus et divers signes.

333 — Schiste jaunâtre. — Scarabée, présentant Urœus ailé.

334 — Terre émaillée. — Un autre offrant la divinité solaire assise.

335 — Terre émaillée. — Autre portant un sceptre, le Tat et un bassin.

336 — Terre émaillée. — Autre offrant le Tat, symbole de la stabilité.

337, 338 et 339 — Terre émaillée. — Autre présentant l'œil symbolique Outé.

340 — Terre émaillée. — Autre offrant le même symbole.

341 — Terre émaillée. — Autre décoré du même symbole.

342 — Terre émaillée. — Autre semblable.

343 — Schiste. — Autre avec les yeux symboliques, pschent, etc.

344 et 345 — Hématite et basalte. — Scarabées avec la plante signe de la région inférieure.

346 — Schiste. — Scarabée, même symbole.

347 — Terre émaillée. — Scarabée avec deux touffes de lotus opposées.

348 — Terre émaillée. — Autres avec touffes de lotus entrelacées.

349, 350 et 351 — Terre émaillée. — Scarabées.

352 — Terre émaillée. — Scarabée offrant colonne et nablium.

353 et 354 — Terre émaillée. — Scarabée avec touffes de lotus.

355 — Lapis lazuli. — Autre, avec même symbole.

356 — Terre émaillée. — Autre, même symbole.

357 et 358 — Terre émaillée. — Scarabées.

359 — Terre émaillée. — Scarabée offrant Uræus coiffé de la couronne rouge.

360 — Terre émaillée. — Scarabée représentant un personnage debout.

361 — Terre émaillée. — Scarabée portant Uræus.

362 — Terre émaillée. — Scarabée avec deux barques.

363 à 366 — Terre émaillée. — Scarabée représentant un entrelacs et le nablium.

367 — Terre émaillée. — Autre offrant un Urœus.

368 — Terre émaillée. — Autre avec Urœus coiffé de l'atef.

369 — Terre émaillée. — Scarabée portant le nablium.

370 — Terre émaillée. — Scarabée présentant un homme élevant les bras.

371 — Schiste. — Autre offrant le signe de la réunion.

372 — Terre émaillée. — Autre présentant un sphinx couché.

373 — Terre émaillée. — Autre avec même symbole.

374 — Terre émaillée. — Autre avec plume d'autruche.

375 — Terre émaillée. — Autre avec un scarabée entre les signes de la bonté et de la grandeur.

376 — Terre émaillée. — Autre portant le mot *hs*.

377 et 378 — Terre émaillée. — Autres sur lesquels on lit : H't. nb. nfr., toutes choses bonnes.

379 — Terre émaillée. — Autre portant la même devise.

380 — Terre émaillée. — Autre avec les symboles de la vérité, de la bonté et de la totalité.

381 — Schiste. — Autre, au milieu d'une sorte de méandres, on lit Neb-nefer.

382 — Terre émaillée. — Autre avec personnage tenant une fleur de lotus.

383 — Terre émaillée. — Autre portant un lézard.

384 — Terre émaillée. — Autre portant un symbole incertain.

385 — Terre émaillée. — Autre. Dans un cercle de méandres : on lit le nom de Lieu? rs? Tatau-Nefer.

386, 387 et 388 — Terre émaillée. — Trois autres avec images d'animaux sacrés.

389 — Terre émaillée. — Autre avec deux antilopes.

390 — Terre émaillée. — Autre présentant deux poissons.

391 — Terre émaillée. — Autre offrant un lion en marche.

392 — Pâte de verre. — Autre représentant un cheval en marche.

393 — Terre émaillée. — Autre avec scarabée, échâssier, etc.

394 à 411 — Terre émaillée. — Scarabées portant des ornements divers.

412 à 415 — Terre émaillée. — Autres signes symboliques.

416 à 420 — Terre émaillée. — Autres semblables.

421 — Terre émaillée. — Un autre avec des entrelacs.

422 à 441 — Terre émaillée. — Vingt autres.

442 — Terre émaillée. — Un scarabée sans gravure.

4 3 — Hématite. — Autre semblable.

444 à 452 — Terre émaillée. — Neuf autres semblables.

453 — Cornaline. — Autre représentant exactement l'insecte.

454 — Serpentine. — Autre semblable.

455 — Feldspath blanc. — Un autre.

456 — Obsidiane noire — Autre.

457 à 459 — Jaspe vert. — Trois autres.

460 et 461 — Jaspe noir. — Deux autres.

462 — Basalte. — Autre.

AMULETTES, ANIMAUX SYMBOLIQUES

463 — Terre émaillée. — Oiseau à tête humaine.

464 — Cornaline. — Lion accroupi.

465 — Terre émaillée. — Même sujet.

466 — Bronze. — Même sujet.

467 et 468 — Terre émaillée. — Deux autres.

469 — Terre émaillée. — Deux parties antérieures de taureaux et de lions, réunies par une bélière.

470 — Terre émaillée. — Deux parties antérieures de taureau réunies, avec le disque entre les cornes.

471 à 478 — Cornaline, agate, terre émaillée et lapis lazuli. — Uræus, amulettes de diverses formes.

479 — Terre émaillée. — Uræus, serpent consacré aux déesses et à la royauté.

480 — Schiste. — Uræus, vase à deux anses.

481 — Terre émaillée. — Autre, sistre orné de la tête d'**Athor** à oreilles de vache.

482 — Quartz blanc opaque. — Vautour, symbole de la déesse **Maut**.

483 — Terre émaillée. — Hippopotame muni d'une bélière.

484 — Pâte d'émail blanc. — Epervier à tête de bélier.

485 — Terre émaillée. — Bélier accroupi.

486 — Bronze. — Chatte assise consacrée à la déesse *Pacht* : le symbole *outce*, œil symbolique, est suspendu à son cou. Cet ornement est gravé avec une grande finesse. Les yeux sont en émail vert. Haut. 18 cent.

487 à 493 — Terre émaillée. — Chatte assise, même symbole que le numéro précédent.

494 — Terre émaillée. — Chatte accroupie, même symbole.

495 — Terre émaillée. — Chatte couchée.

496 — Schiste. — Deux chats adossés.

497 — Terre émaillée. — Hérisson consacré à la déesse *Pacht*.

498 — Terre émaillée. — Hérisson.

499 — Or. — Vache d'Hathor, couronnée.

500 — Terre émaillée. — Panthère accroupie ; la base représente en creux la tête d'Hathor entre deux animaux sacrés.

501 — Terre émaillée. — Cynocéphale, animal symbolique de Thoth. Rare.

502 — Terre émaillée. — Cynocéphale accroupi.

503 — Pâte d'émail blanche. — Sphinx tenant un canope.

504 — Terre émaillée. — Epervier, symbole d'Horus.

505 — Feldspath compacte. — Même symbole.

506 — Terre émaillée. — Crocodile, symbole du dieu Sebek.

507 à 516 — Terre émaillée. — Mêmes symboles.

517 — Terre émaillée. — Deux crocodiles en sens inverse; sur la base on voit un Urœus et le Tat. Rare.

518 — Jaspe rouge. — Oie, la tête retournée sur le dos.

519 — Terre émaillée. — Un lièvre.

520 — Cornaline. — Grenouille.

521 — Cornaline. — Une autre.

522 — Agate rouge. — Une autre.

523 — Feldspath bleu. — Autre.

524 à 531 — Terre émaillée. — Grenouilles.

532 à 540 — Lapis lazuli, feldspath vert et bleu et terre émaillée. — Grenouilles.

541 — Bronze. — Sauterelle.

541 *bis*. — Terre émaillée. — Hippopotame avec bélière.

542 — Terre émaillée. — Tablette carrée avec sujets découpés en relief.

543 à 547 — Terre émaillée. — Disque du soleil à l'horizon.

548 — Lapis lazuli. — Partie supérieure du pschent.

549 à 554 — Terre émaillée. — Même sujet.

555 — Cornaline. — Coiffure de divinité.

556 et 557 — Jaspe noir et porphyre. — Autres.

558 à 570 — Terre émaillée et obsidienne noire, schiste. — Autres semblables.

571 à 574 — Serpentine et obsidienne. — Deux cornes réunies.

575 — Terre émaillée. — Deux cornes disposées en croissant.

576 — Émail purpurin. — Lit funèbre d'Osiris; la momie est couchée sur le lion symbolique.

577 — Pâte d'émail bleue. — Barque funéraire d'Osiris.

578 — Terre émaillée. — Amulette, deux barques réunies.

579 à 589 — Feldspath vert, bleu et autres. — Tablettes d'Hermès.

590 — Terre émaillée. — Tablette portant le nom d'Osiris.

591 — Schiste. — Tablette avec le signe X.

592 à 600 — Terre émaillée. — Niveaux.

601 à 605 — Terre émaillé. — Équerres.

606 à 619 — Calcédoine, sardoine, lapis lazuli, or, terre émaillée. — Œil symbolique, *out'é*.

620 — Jaspe vert. — Cœur funéraire portant le même extrait du Rituel que les scarabées.

621 — Serpentine dure. — Cœur à tête humaine.

622 à 635 — Cornaline, agate, hématite, obsidienne, jaspe vert, purpurine, terre émaillée et pâte de verre. — Cœurs ou vases cordiformes.

636 à 649 — Hématite. — Chevets, symbole du repos divin.

650 à 668 — Cornaline, lapis lazuli et terre émaillée. — Le Tat ou dressoir à potier, symbole de stabilité.

669 — Lapis lazuli. — Tat.

670 — Terre émaillée. — Colonnette avec bélière.

671 à 684 — Terre émaillée de diverses couleurs. — Colonnettes.

685 — Obsidienne noire. — Doigt, symbole du milieu.

686 à 694 — Obsidienne noire. — Doigts et doigts joints.

695 à 700 — Obsidienne noire. — Autres.

701 — Bronze. — Doigt.

702 — Terre émaillée. — Coquillage genre Cypræa.

703 à 710 — Terre cuite revêtue d'une feuille d'argent. — Autres.

711 et 712 — Lapis lazuli. — Cachets.

713 — Agate rayée. — Autres.

714 à 717 — Terre noire. — Autres.

718 à 720 — Obsidienne. — Sam, symbole de réunion.

721 — Terre émaillée. — Autre.

722 — Terre émaillée. — Table à libations.

723 — Cornaline. — Jambe.

724 — Terre émaillée. — Forme du téorbe.

725 — Lapis lazuli. — Amulette, le cartouche royal.

726 — Cornaline. — Disque ou anneau symbolique.

727 à 731 — Terre émaillée. — Autres disposés en forme de cachets.

732 — Terre émaillée. — Anneau symbolique.

733 — Terre émaillée. — Autre.

734 à 736 — Porphyre quartz blond. — Contre-poids de collier.

737 et 738 — Terre émaillée. — Fleurs de lotus.

739 — Terre brune. — Amulette.

740 — Terre émaillée. — Typhon ithyphallique jouant du tympanum.

741 — Terre émaillée.—Figure virile ithyphallique.

742 — Terre émaillée. — Typhon entre deux phallus.

743 — Cornaline. — Enfant accroupi.

744 — Marbre blanc. — Amulette en forme d'écusson.

745 — Lapis lazuli. — Fragment carré avec légende.

746 — Terre émaillée. — Scarabéoïde, avec figurine gravée comme sur les cippes d'Horus, un jeune prince tenant un scorpion par la queue, monture en or.

747 — Terre émaillée.— Collier composé de grains et d'amulettes.

748 — Cornaline. — Autre collier.

749 — Verroterie. — Autre collier composé de scarabées et de cœurs? d'or; on distingue deux figures de Pacht, à tête de lionne ou de chat, un scarabée portant le symbole d'Hathor, et un bélier accroupi en hématite.

750 — Terre émaillée et cornaline. — Un collier composé d'amulettes, en faïence bleue, représentant Osiris, et de grains rouges.

751 — Émaux de diverses couleurs. — Collier composé d'amulettes, colonnes, tablettes et plumes d'autruche.

752 — Matières diverses. — Collier composé de grains, jaspe rouge, feldspath vert et autres.

753 — Or. — Un collier composé de mouches, perles d'or et pierres diverses.

754 — Cornaline. — Collier composé de grains cornaline et pierres diverses.

755 — Émail de diverses couleurs. — Collier.

756 — Terre émaillée. — Grain de collier portant écrit : *Nb-amn-râ*, *nb*, Le prêtre du seigneur *Ammon-Râ*.

757 — Terre émaillée. — Grain de collier sur lequel sont gravés un lièvre et un disque.

758 — Cornaline et jaspe. — Bracelet composé de grains d'amulettes, etc.

759. — Or. — Anneau d'or massif; le chaton porte l'inscription suivante gravée en creux : Ptah-our-mer-t.

760 — Or. — Anneau; le chaton, gravé en creux, représente Typhon, coiffé de plumes et tenant un serpent, les pieds du dieu sont armés de glaives.

761 — Terre émaillée. — Scarabée sur lequel est représenté Ptah debout; devant le dieu deux Tat, surmontés d'oiseaux à tête humaine; monture en bague d'argent.

762 — Bronze. — Bague; sur le chaton les prénoms d'Aménophis ou Amenhotep III, Ra-neb-mâ, et le titre de souverain de Thébès ou de la Thébaïde.

763 — Terre émaillée. — Bague; le chaton porte le prénom d'Amenhotep III, Ra-neb-mâ.

764 — Bronze. — Bague, le chaton portant une variante du prénom de Ramses V?, Ra-neb-mâ-mer-amen-râ-tet-nen.

765 — Serpentine. — Vase à deux anses; sur l'une des faces est gravé en creux un scarabée aux ailes éployées; sur l'autre une légende hiéroglyphique, dans laquelle on lit le mot Aou...

766 — Obsidienne. — Vase de forme ovoïde à col évasé.

767 — Obsidienne. — Petit vase en forme de mortier

768 — Agate onyx. — Lecythus ou vase à parfums, sans anse.

769 — Agate opaque marbrée. — Lecythus ou vase à parfums sans anse.

770 — Porphyre noir. — Urne de forme surbaissée. Diam. 34 cent., haut. 17 cent.

771 — Porphyre noir. — Autre semblable. Diam. 25 cent., haut. 12 cent.

772 — Porphyre noir. — Un autre. Diam. 18 cent., haut. 7 cent.

773 — Porphyre noir. — Un autre. Diam. 11 cent., haut. 9 cent.

774 — Porphyre noir. — Autre. Diam. 10 cent., haut. 6 cent.

775 — Porphyre noir. — Autre. Diam. 11 cent., haut. 6 cent.

776 — Porphyre noir. — Autre. Diam. 12 cent., haut. 6 cent.

777 — Albâtre. — Vase en forme d'amphore, à pied pointu. Haut. 35 cent.

778 — Albâtre. — Vase de même forme.

779 à 802 — Albâtre. — Vingt-quatre vases à parfums, sans anses, forme pointue à la base, avec colliers de différentes grandeurs. Haut. de 7 cent. à 20 cent.
Ce lot sera divisé.

803 — Albâtre. — Fiole allongée se terminant en pointe, avec large collier. Haut. 23 cent.

804, 805 et 806 — Albâtre. — Trois petits vases à parfums.

807 — Albâtre. — Lecythus à petites oreilles, de forme arrondie à la base et pointue par le haut.

808 — Albâtre. — Lecythus à oreilles, de forme arrondie

809 et 810 — Albâtre. — Vases à parfums, forme d'OEnochœ. Haut. 15 cent.

811 — Albâtre. — Vase de même forme que les précédents, avec anses cannelées.

812 et 813 — Albâtre. — Lecythus de forme arrondie. Haut. 8 cent.

814 et 815 — Albâtre. — Petits vases à collyre ou à parfums, forme d'urne.

816 — Albâtre. — Vase de forme ovoïde, sans anses. Haut. 17 cent., diam. 12 cent.

ASES EN BRONZE

817 — Bronze. — Seau à une anse pour porter l'eau lustrale, avec inscription sur le col. Haut. 21 cent.

818 — Bronze. — Seau à libations, avec sujets en relief. Égyptien en adoration devant Ammon générateur, puis les déesses Neith, Pacht, Nephthys et Hathor.

819 — Bronze. — Vase de forme sphéroïde. Haut. 10 cent.

VASES EN TERRE

820 — Terre émaillée. — Seau sans anse, décoré de fleurs et de boutons de lotus, peints en noir.

821 — Terre émaillée. — Vase à couvercle, sur la face prin-

cipale une scène funéraire se détachant en bleu sur fond noir; l'inscription donne au défunt la qualification de grammate. Haut. 15 cent.

822 — Terre émaillée. — Seau à libations avec sujets en relief, représentant des animaux et des scènes rustiques. Haut. 9 cent.

VASES EN VERRE

823 — Verre. — Vase à deux petites anses, forme de cratère, ornements de couleur jaune sur fond bleu. Haut. 8 cent.

824 — Verre. — Petite amphore fond bleu opaque, ornée de cordons en spirale de couleurs blanche et noire. haut. 7 cent.

825 — Verre bleu. — Lecythus se terminant par une fleur à huit pétales.

826 — Verre jaune craquelé et irisé. — Lecythus sans oreilles, à base en pointe. Haut. 8 cent.

827 — Verre bleu. — Lecythus à col court, base arrondie, bariolé de diverses couleurs. Haut. 4 cent.

828 — Verre bleu opaque. — Lecythus sans anse, de forme ovoïde, à col étroit. Haut. 20 millim.

827 bis — Pâte de verre. — Buste d'Harpocrate, coiffé du pschent, le doigt sur la bouche. Bon travail gréco-égyptien. Haut. 40 millim., larg. 28 millim.

OBJETS DIVERS

828 *bis* — Serpentine. — Pectoral en forme de naos ou temple; la face antérieure offre au milieu un scarabée en relief, à gauche le défunt, et à droite Osiris; au revers Isis et Horus, debout, séparés par un cartouche funéraire. Haut. 8 cent., larg. 8 cent.

829 — Terre émaillée bleue. —Manche de sistre, figurant des deux côtés la tête d'Hathor, Horus dans un naos. Haut. 10 cent.

830 — Ivoire. — Fragment d'un cercle portant sur les deux faces des sujets gravés, 1° l'œil symbolique, *out'é*; au-dessus du nœud symbolique *shes* entre deux divinités à tête de cynocéphale, et le commencement d'une légende hiéroglyphique qui se rapporte au sujet représenté : Moi *outé*, je viens pour faire l'action du *shes* (une sorte de résurrection, de seconde vie) autre face : une girafe, la déesse *Thouoris* ou *Apt*, portant un crocodile sur le dos et dévorant un captif agenouillé et les bras liés derrière le dos; plus loin le dieu Bês ou Patèque, un disque monté sur deux jambes humaines, et enfin un captif renversé, une jambe en l'air. Haut. 6 cent., larg. 15 cent.

831 — Terre émaillée bleue. — Un réseau tel qu'on en trouve autour des momies.

832 et 833 — Terre émaillée. — Deux fragments, peut-être d'ailes, portant en relief l'œil symbolique. Haut. 6 cent.

834, 835 et 836 — Terre émaillée. — Arceaux destinés à décorer des meubles ou des sculptures.

837 à 841 — Terre émaillée. — Boules de deux couleurs et de grandeurs diverses.

842 — Terre émaillée. — Pion ou bouton ; on lit sur une face le nom du prince Setei, de la dix-neuvième dynastie.

843 — Terre émaillée. — Autre représentant un nègre captif.

844 à 847 — Bois. — Pions de damier.

ANTIQUITÉS DE L'ASIE

CAMÉE, SCARABÉE ET INTAILLES

CAMÉE

848 — Sardonyx à deux couches. — Lion en marche, pièce remarquable par son volume, la beauté de la matière et la perfection du travail. Monture moderne en or émaillé.

SCARABÉE

849 — Calcédoine blanche. — Scarabée ; sur le plat un roi l'épée haute, et prêt à frapper un ennemi agenouillé devant lui qui l'implore. Travail très-fin qui paraît phénicien, monture moderne en or.

INTAILLES ORIENTALES

850 — Grenat. — Intaille représentant le buste de Cosroès Ier, roi de Perse, de la dynastie des Sassanides.

851 — Cornaline onyx à deux couches. — Juba 1er, roi de Mauritanie.

CYLINDRES ET CÔNE DE L'ASSYRIE, DE LA CHALDÉE,
DE LA PHÉNICIE ET DE LA PERSE

852 — Hématite. — Cylindre gravé en creux; Bélus assis; deux personnages s'avancent vers le dieu; dans le champ, croissant de la lune; deux colonnes de caractères cunéiformes. Travail assyrien.

853 — Sardoine. — Cône; sur le plat, l'Hercule assyrien coiffé de la tiare, debout sur deux sphinx et combattant deux lions.

854 — Serpentine. — Cylindre gravé en creux; Bélus assis; deux personnages s'avancent pour adorer le dieu, devant lequel on distingue un cercopithèque; deux colonnes de caractères cunéiformes.

855 — Hématite. — Cylindre. Deux personnages en adoration devant Bélus; deux colonnes de caractères cunéiformes.

856 — Hématite. — Autre; femme adorant le dieu guerrier; trois colonnes de caractères cunéiformes.

857 — Hématite. — Cylindre; femme adorant le dieu guerrier, qui porte l'épée, et un troisième personnage; dans le champ un poisson et une mouche.

858 — Hématite. — Cylindre; femme adorant le dieu guerrier derrière lequel est un Chaldéen, plus loin deux antilopes.

859 — Hématite. — Cylindre; le dieu guerrier tenant l'épée et un autre tenant un cimeterre, deux prêtres debout.

860 — Hématite. — Cylindre; prêtre adorant le dieu guerrier tenant l'épée; idole de Vénus Anaïtis.

861 — Hématite. — Cylindre; prêtre debout devant le dieu guerrier qui tient l'épée.

862 — Hématite. — Cylindre; un personnage vêtu d'une longue robe et deux autres en vêtements courts et serrés.

863 — Jaspe fleuri. — Cylindre-phaldéen; dieu barbu vu de face, monté sur un lion; le sujet est répété; trois colonnes de caractères cunéiformes.

864 — Hématite. — Cylindre-phénicien; dieu terrassant un œgagre. Colonne sur laquelle est le buste de profil de Vénus Anaïtis, au dessus duquel plane une colombe; une tresse, cinq têtes de profil placées perpendiculairement en colonne.

865 — Hématite. — Cylindre; femme adorant le dieu guerrier armé de l'épée. Travail phénicien.

866 — Calcédoine saphirine. — Cylindre persépolitain; roi de Perse de la dynastie Achéménide debout, la couronne en tête, dans un bige; le roi décoche une flèche sur un lion ailé qui se dresse devant lui; en haut le mir. Ce cylindre est remarquable par la beauté du travail.

867 — Sardonyx rubané. — Fragment d'un sceau annulaire oriental.

ANTIQUITÉS GRECQUES ET ROMAINES

GROUPES, STATUES ET BUSTES

868 — Marbre blanc. — Buste d'Ephèbe, les cheveux frisés. Travail de grand style, que l'on peut attribuer hardiment à l'école de Phidias. Haut. 34 cent.

869 — Marbre. — Faune debout, tenant le *pedum* et une grappe de raisins; à ses côtés un faunisque. Haut. 1 m. 24 c.; haut. du faunisque, 52 cent.

Groupe de grandeur naturelle, de style grec, de la plus grande beauté et d'une conservation singulière. Il n'existe de restaurations qu'au bras droit; la tête a été replacée sur le cou, mais c'est incontestablement celle de la statue. Trouvée à la villa d'Adrien, à Rivoli, en 1782, comme cela est démontré dans une lettre adressée à M. Chabouille par M. le commandeur P. Gruce Visconti, commissaire des antiquités à Rome.

870 — Marbre blanc. — Enfant debout, tenant dans ses bras un aiglon, sans doute le génie de Jupiter, dont il porte l'attribut. Haut. 63 cent.

871 — Marbre blanc. — Vénus Victrix; la déesse est représentée debout, tenant une couronne de la main

gauche et retenant de la main droite la draperie qui l'enveloppe. Haut. 73 cent.

Cette statuette, d'excellent travail romain, fut donnée par le pape Pie VI au comte Tschernicheff, ambassadeur de Russie à Rome, ainsi que l'indique une inscription gravée sur la plinthe.

872 — Marbre blanc. — Euterpe, Muse de la poésie lyrique, debout; sa longue tunique ne laisse voir que l'extrémité de ses pieds nus. Travail romain d'un excellent style. Haut. 85 cent.

873 — Marbre blanc. — Groupe. Hercule, jeune, étouffant le lion de Némée. Sculpture remarquable et pleine d'énergie.

874 — Basalte vert. — Buste d'Octavie, sœur d'Octave Auguste, femme de Marc-Antoine. Haut. 34 cent.

Sculpture d'une beauté remarquable et d'une grande rareté, provenant de la collection Hope, et antérieurement de celle du baron Roger.

875 — Serpentine dure. — Buste de nègre. Excellent travail antique. Haut. 10 cent.

876 — Marbre blanc. — Bas-relief représentant Junon debout et diadémée, et vêtue d'un ample manteau. Haut. 69 cent.

877 — Marbre blanc. — Bas-relief représentant Bacchus couronné de lierre, imberbe et les cheveux flottants sur les épaules. Haut. 50 cent.

Ce fragment, d'un beau travail gréco-romain, doit avoir appartenu à un sarcophage.

878 — Marbre blanc. — Fragment d'un *putealis,* sorte d'autel rond consacré à Bacchus; une bacchante, vêtue d'une longue robe qui la couvre entièrement en ne lui laissant nu que le sein, s'avance vers un autel. Haut. 59 cent.

879 — Marbre blanc. — Fragment d'un vase qui rappelle, par la forme comme par le sujet qui y figure, le célèbre vase Borghèse que l'on admire aujourd'hui au musée du Louvre ; une bacchante debout apporte une phiale remplie de fruits à un jeune faune qui danse le thyrse à la main. Sculpture remarquable. Haut. 56 cent.

880 — Marbre blanc. — Frises représentant en bas-relief des scènes bachiques. Très-bon travail romain. Haut. 17 cent., long. 95 cent.

881 — Marbre blanc. — Bas-relief de forme rectangulaire, sculpté des deux côtés: sur l'une des faces sont représentées des têtes conjuguées de silène et de bacchante; sur l'autre un monstre marin. Haut. 22 cent., larg. 30 cent.

882 — Marbre blanc. — Cippe funéraire de forme rectangulaire ; sur la face antérieure on lit une inscription latine dont voici la traduction : « Quintus Cellius Crestus à Cellia Apilia, son affranchie bien-aimée, elle vécut dix-huit années. » Haut. 52 cent., long. 33 cent.

883 — Porphyre rouge oriental. — Urne sans anse avec couvercle, entièrement évidée ; pièce remarquable par son volume et la beauté de la matière. Haut. 40 cent.

OBJETS DIVERS DE MATIÈRES PRÉCIEUSES

884 — Calcédoine. — Buste imberbe d'un personnage inconnu. Très-bon travail. Haut. 8 cent.

885 — Calcédoine gris, jaunâtre. — Rat, sous le socle on lit : ΕΙΜΙ ΞΜΙΝΘΕΩΞ.

886 — Sardonyx orientale. — Coupe sans anse, rare et admirable matière dans laquelle quelques antiquaires ont cru voir celle des vases murrhins. Haut. 7 cent., diam. 9 cent. 1/2.

887 — Sardonyx orientale. — Œnochoe avec anse prise dans la masse. Ce vase précieux a subi quelques restaurations en écaille. Haut. 10 cent.

888 — Sardonyx orientale. — Lecythus de forme allongée, avec quatre petites anses prises dans la masse. Haut. 13 cent.

889 — Sardonyx orientale. — Lecythus sans anse, d'une rare beauté de matière et entièrement évidé. Haut. 12 cent.

890 — Sardonyx orientale. — Vase sans anse, forme d'ampoule, orné de moulures et entièrement évidé. Haut. 9 cent.

891 — Sardonyx orientale. — Lecythus à deux petites anses prises dans la masse ; très-belle matière. Haut. 7 cent.

892 — Sardonyx orientale. — Plateau de forme oblongue, remarquable par la richesse de la matière. Long. 15 cent., larg. 9 cent.

893 — Calcédoine blanche teintée de rouge. — Lecythus sans anse. Haut. 58 millim.

894 — Sardonyx orientale. — Lecythus sans anse. Hauteur 52 millim.

895 — Sardonyx orientale. — Lecythus à deux petites anses. Haut. 42 millim.

896 — Sardonyx orientale. — Lecythus sans anse, garni en or. Haut. 34 millim.

897 — Sardonyx orientale. — Très-petit vase de forme ovoïde. Haut. 27 millim.

898 — Agate cacholong. — Vase en forme d'ampoule, sans anse, blanc laiteux translucide, entièrement évidé. Haut. 9 cent.

899 — Cristal de roche incolore. — Lecythus à deux anses délicates et évidées dans la masse.

900 — Ambre jaune. — Vase de forme aplatie. Objet très-rare.

901 — Porphyre rouge oriental — Petit vase à parfums à deux anses évidées et prises dans la masse. Haut. 6 cent.

CAMÉES ANTIQUES

902 — Cornaline à trois couches. — Camée représentant Jupiter sous la forme d'un cygne et Némésis ou Léda. Très-beau travail d'une rare beauté de matière; monture en or émaillé du seizième siècle. Long. 3 cent.

903 — Sardonyx à deux couches. — Camée; buste de Cérès voilée, tenant une corne d'abondance. C'est probablement le portrait d'une femme de la famille impériale représentée sous l'image de Cérès; monture en or émaillé. Haut. 19 millim.

904 — Sardonyx à trois couches. — Grand et beau camée représentant l'Aurore dans son char, debout et vêtue d'une longue robe et d'un péplus, dirigeant elle même les chevaux. L'excellence du travail et la richesse de la matière placent ce camée au premier ordre des monuments de ce genre; monture moderne en or émaillé. Diam. 54 millim. sur 36.

905 — Sardonyx à deux couches. — Camée offrant le même sujet que le précédent; monture en or. Diam. 28 millim. sur 24.

906 — Calcédoine blanche à deux couches. — Camée; Apollon debout jouant de la lyre; monture en bague d'or. Diam. 12 millim. sur 9.

907 — Sardonyx à trois couches. — Très-grand camée représentant Diane Tauropole; la déesse est debout dans un char attelé de deux taureaux; elle tient d'une main les rênes et de l'autre un flambeau; un croissant décore sa tête. Les camées d'une aussi grande dimension sont de la plus grande rareté. Diamètre 13 cent. sur 10.

908 — Sardonyx à deux couches. — Camée; Vénus et Adonis debout et légèrement drapés; la déesse tient d'une main la pomme de Pâris, l'autre main est placée sur

l'épaule d'Adonis. Composition d'un grand style et d'une belle exécution; monture en bague.

909 — Sardonyx à deux couches. — Camée; buste de Mercure coiffé du pétase. Bon travail grec; monture en bague. Diam. 13 millim.

910 — Sardonyx à deux couches. — Camée; l'Amour vainqueur du Centaure; Éros est représenté ailé et enfant sur la croupe du Centaure et lui lie les mains. Travail très-fin; monture en bague. Diam. 20 millim.

911 — Sardonyx à deux couches. — Éros et Psyché se tenant embrassés; monture en bague. Diam. 10 millim.

912 — Cornaline onyx à trois couches. — Psyché, la torche à la main, allant satisfaire sa fatale curiosité; monture en or. Diam. 25 millim. sur 13.

913 — Sardonyx à deux couches. — Génie ailé effrayé à la vue d'un scorpion qui s'avance vers lui. Très-bon travail; monture en bague. Diam. 12 millim.

914 — Sardonyx à deux couches. — Camée; Amour ailé cachant ses traits sous un masque silénique qu'il tient de la main droite et poursuivant un enfant. Très-bon travail; monté en médaillon d'or. Diamètre, 24 millim. sur 17.

915 — Sardonyx à deux couches. — Camée; Amour ailé dans un char traîné par deux cygnes; monture moderne en or émaillé. Diam. 20 millim. sur 15.

916 — (Manque.)

917 — Sardonyx à plusieurs couches. — Grand camée repré-

sentant le buste d'Hercule couronné de chêne, avec la peau du lion sur l'épaule. Pièce d'une grande dimension et d'un beau travail. Haut. 12 cent. sur 8 cent. de larg.

918 — Agate onyx à deux couches. — Camée (fragment); Omphale enveloppée d'une draperie et portant la massue d'Hercule; monture en bague d'or.

919 — Sardonyx à deux couches. — Camée; Hyllus, fils d'Hercule, vient de tuer Eurysthée; les armes de ce dernier sont suspendues au-dessus de sa tête. Monture moderne en or émaillé. Diam. 32 sur 25 milli.

920 — (Manque.)

921 — Agate onyx à deux couches. — Camée; Taureau à face humaine, barbu, couronné par la Victoire; monture en bague d'or à chaton ouvrant. Diam. 13 millim. sur 11.

922 — Améthyste. — Silène couronné de pampres et de lierre; tête de face; monture en or du seizième siècle. Diam. 50 millim. sur 40.

923 — Agate onyx à trois couches. — Silène couché près d'une bacchante, auprès d'eux une panthère; monture en bague. Diam. 18 millim. sur 15.

924 — Agate onyx à deux couches. — Camée; Silène nu, couché sur un âne et tenant un rhyton; monture en bague. Diam. 18 millim. sur 12.

925 — Sardonyx à deux couches. — Camée fragmenté; Silène ivre, soutenu par un jeune bacchant; monture en bague. Diam. 12 millim. sur 9.

926 — Sardonyx à deux couches. — Camée; Silène et jeune bacchant près d'un cratère. Beau travail et belle matière; monture en or émaillé. Diam. 26 millim. sur 19.

927 — Calcédoine à deux couches. — Masque silénique de face; monture en bague d'or.

928 — Calcédoine à deux couches. — Camée; Jeune faune dansant le thyrse à la main et la pardalide sur l'épaule; monture en or émaillé enrichie de rubis. Diam. 35 millim. sur 22.

929 — Calcédoine à deux couches. — Camée; Jeune faune debout, la pardalide jetée sur l'épaule, jouant de la double flûte; cercle en or.

930 — Sardonyx à deux couches. — Camée; Jeune faune couronné de lierre, assis sur une peau de panthère, en contemplation devant deux flûtes; monté en bague d'or. Diam. 11 millim. sur 9.

931 — Sardonyx à trois couches. — Camée; Bacchante debout, les seins nus, tenant d'une main une coupe et de l'autre le thyrse. Travail romain de basse époque; monture moderne en or émaillé. Diam. 33 millim. sur 20.

932 — Sardonyx à deux couches. — Camée fragmenté; Bacchante nue, armée du thyrse et dansant. Bon travail de l'époque romaine; monture en bague. Diam. 20 millim. sur 18.

933 — Agate onyx à trois couches. — Camée; Bacchante

marchant le thyrse sur l'épaule et portant un cratère; monté en bague. Diam. 14 millim. sur 7.

934 — Agate onyx à trois couches. — Camée de travail grec; Mélampus purifiant les trois Prœtides en présence de Prœtus, leur père, pour les guérir de leur folie; monture en bague. Diam. 16 millim. sur 14.

935 — Agate onyx à deux couches. — Camée fragmenté; homme nu, monté sur un cheval qu'il dompte : près de lui deux autres chevaux libres se combattent; monture en or. Diam. 20 sur 15.

936 — Sardonyx à trois couches. — Camée fragmenté; tête de Ptolémée Soter, roi d'Égypte, diadème. Bon travail grec; monté en or. Diam. 21 sur 20.

937 — Sardonyx à deux couches. — Beau camée fragmenté; reine d'Égypte, avec le bandeau royal et les cheveux tressés tombant sur les épaules, buste de profil avec le péplus. Belle matière et bon travail; monture moderne en bague d'or. Haut. 25 millim.

938 — Agate onyx à deux couches. — Roi grec inconnu; buste de profil, monté en bague.

939 — Sardonyx à deux couches. — Buste d'un personnage inconnu. Bon travail; monté en bague d'or émaillé.

940 — Calcédoine blanche. — Tête de profil nue de Q. Hortensius, le célèbre orateur; applique sur fond d'agate brune. Très-bon travail; monture en or. Diam. 30 millim. sur 25.

941 — Sardonyx à deux couches. — Camée; buste d'Auguste, couronné de lauriers; monture en bague d'or.

942. — Sardonyx à trois couches. — Camée ; buste de Tibère, couronné de lauriers, avec le paludamentum ; monture en bague d'or. Diam. 20 millim. sur 15.

943 — Sardonyx à trois couches. — Camée à corniche; buste de profil de Claude lauré, avec paludamentum ; camée d'excellent travail et sur magnifique matière, monté en or émaillé. Haut. 38 millim., larg. 28.

944 — Sardonyx à trois couches. — Camée avec corniche ; buste de profil, couronné de lauriers, d'Agrippine la jeune, mère de Néron. Ce précieux camée est orné d'une monture moderne en or enrichie de rubis. Haut. 23, larg. 20 millim.

945 — Calcédoine à deux couches. — Camée mutilé ; Corboulon, buste sans barbe ; monture moderne en bague d'or.

946 — Cornaline. — Camée ; buste de Vitellius, de profil ; monté en or. Diam. 16 millim. sur 14.

947 — Sardonyx à trois couches. — Camée ; buste de Vespasius, couronné de lauriers, avec le paludamentum ; monté en bague. Diam. 15 millim. sur 12.

948 — Sardonyx à deux couches. — Camée ; buste lauré de Vespasien ; monté en bague d'or. Diam. 12 millim. sur 8.

949 — Sardonyx à deux couches. — Camée ; buste d'empereur, de profil, couronné de lauriers, avec paludamentum ; monture moderne en or émaillé. Diam. 24 millim. sur 20.

950 — Sardonyx à trois couches. — Camée avec corniche; buste lauré de profil de Septime Sévère; monture en or émaillé. Diam. 34 millim. sur 24.

951 — Agate onyx à deux couches. — Camée; un cavalier combattant un lion. Diam. 21 sur 13.

952 — Calcédoine saphirine. — Tête d'enfant, de haut relief, avec monture en or du quinzième siècle; on lit au revers l'inscription suivante, gravée en creux : **Mart. Hanebo. la donet.** Diam. 40 millim. sur 35.

953 — Sardonyx à deux couches. — Camée ; buste d'un jeune garçon. Travail romain; monture en bague. Diam. 13 millim.

954 — Sardonyx à deux couches. — Camée; buste d'Ephèbe. Très-beau travail; monté en bague.

955 — Jacinthe. — Tête virile imberbe, de haut relief. Très-bon travail; monture moderne en or.

956 — Sardonyx à deux couches. — Camée; Sphinx femelle ailé ; monture en or.

957 — Calcédoine brûlée. — Camée; lion dévorant un taureau. Travail de style grec. Diam. 25 sur 35.

958 — Sardonyx à deux couches. — Camée avec corniche; bouc marchant. Excellent travail.

959 — Sardonyx à deux couches. — Camée; tête de chien; monté en bague.

960 — Agate onyx à deux couches. — Camée; lapin mangeant un épi de maïs ; monté en bague.

961 — Agate onyx à deux couches. — Camée ; inscription grecque en deux lignes dont les lettres se détachent sur fond brun ; la forme des lettres et l'orthographe dénotent les deuxième ou troisième siècles de notre ère ; on lit :

ΕΥΤΥΧΙ
ΜΑΚΑΡΙ

Monté en bague.

962 — Agate onyx à deux couches. — Camée ; inscription latine en quatre lignes, ainsi conçue : VIBAS
LVXVRI
HOMO
BONE

Monté en bague.

963 — Incrustation d'or sur pâte d'émail bleu. — Une colombe montée en bague.

963 *bis*. — Sardonyx à trois couches. — Camée représentant l'Annonciation. Travail byzantin, exécuté sur une très-belle matière ; monté en or.

PIERRES GRAVÉES EN CREUX

964 — Agathe saphirine calcinée. — Intaille ; Jupiter assis sur un trône à dossier, tenant d'une main la patère, de l'autre un long sceptre ; à ses pieds l'aigle.

965 — Nicolo. — Intaille ; Ganymède nu, debout, coiffé du bonnet phrygien, le pédum à la main et tenant l'aigle ; monté en bague.

966 — Nicolo. — Intaille; Ganymède nu, debout, coiffé du bonnet phrygien, tenant le pedum d'une main, de de l'autre une coupe; monté en bague.

967 — Jaspe rouge. — Intaille; Ganymède nu, courant; de la main gauche il tient un cerceau et le trochus de la droite; monté en bague.

968 — Sardoine à deux couches. — Intaille; Jupiter Sérapis, vu de face; monté en bague.

969 — Améliste. — Intaille; Jupiter Ammon Sérapis, buste de trois quarts avec les cornes et le modius; monté en bague.

970 — Nicolo. — Intaille; Jupiter Amnon, buste de trois quarts; monté en bague.

971 — Lapis-lazuli. — Intaille; Neptune assis, bague en argent.

972 — Cornaline. — Intaille; buste de Cérès, de face, avec corne d'abondance; monté en bague.

973 — Cornaline. — Intaille; trône de Cérès, caractérisé par des épis; bague en argent.

974 — Cornaline. — Intaille; Apollon debout, adossé à une colonne sur laquelle est placé son trépied; monté en bague.

975 — Sardoine.— Intaille; buste de profil d'Apollon Momios ou berger; monté en bague.

976 — Cornaline. — Scarabée avec intaille; Apollon à demi nu, la chlamide sur l'épaule, assis, jouant de la lyre, avec le plectrum; bague.

977 — Cornaline. — Scarabée avec intaille ; Apollon jouant de la lyre; monté en bague.

978 — Sardoine. — Intaille ; buste de profil de Diane avec l'arc et le carquois sur l'épaule ; bague.

979 — Sardonyx à trois couches. — Intaille; Diane chasseresse debout, vêtue d'une longue robe, laissant voir le sein nu ; près de la déesse une biche ; dans le champ la signature ΑΥΛΟΥ; bague.

980 — Cornaline. — Intaille ; Diane Lucifera debout au milieu de rochers, s'appuyant d'une main sur une colonne, et de l'autre une torche ; dans le champ la signature ΑΠΟΛΛΩΝΙΟΥ ; bague.

981 — Prase. — Intaille; Minerve debout, revêtue d'une longue robe, s'appuyant sur une lance. Monture antique en bague d'or.

982 — Cornaline. — Intaille; Mars, buste de trois quarts, avec le casque, le javelot et le bouclier. Monté en bague.

983 — Nicolo. — Intaille ; Mars Victor debout, le casque en tête, s'appuyant sur sa lance, l'épée à la main, considérant un trophée. Bon travail romain. Bague.

984 — Agate veinée. — Intaille; Mars Victor nu, casqué, marchant le javelot à la main et le trophée sur l'épaule. Bague.

985 — Sardonyx à deux couches. — Intaille; Vénus debout, enveloppée d'une simple draperie.

986 — Cornaline. — Intaille; Vénus armée ou Victrix, debout, tenant un javelot et un casque. Non montée.

987 — Prase. — Intaille; buste de Mercure de profil, avec le caducée. Bague.

988 — Nicolo. — Intaille; Mercure, buste de profil avec caducée. Bague.

989 — Cornaline. — Intaille; Bacchus, tête de face, à longue barbe, couronné de pampres.

989 A — (Manque.)

990 — Sardoine. — Intaille; Ariane couronnée de pampres, tête de profil. Bague.

991 — Cornaline onyx à trois couches. — Intaille; génie de Bacchus ailé, s'agenouillant pour couronner un masque bachique au pied d'un arbre. Bague.

992 — Cornaline. — Intaille; génie bachique monté sur un bouc qui dirige un autre génie ailé. Bague antique en or.

993 — Cornaline. — Intaille; génie bachique monté sur un dauphin. Bague.

994 — Cornaline. — Intaille; génie ailé jouant avec une oie. Bague.

995 — Sardoine. — Intaille; buste de Silène. Bague.

996 — Jaspe sanguin. — Intaille; Silène, le thyrse sur l'épaule et monté sur une panthère. Bague.

997 — Cornaline. — Intaille; Silène assis, jouant de la lyre. Bague.

998 — Cornaline. — Intaille; Silène couronné de pampres, buste de face.

999 — **Améthyste**. — Intaille; Pan, buste de profil, avec la nébride, deux petites cornes sur le front; à droite on lit la signature de l'artiste au génitif : ΕΠΙΤΥΓΧΑΝΟΥ. Monture en or émaillé. Pierre de premier ordre.

1000 — Sardoine à deux couches. — Intaille; Pan, buste de trois quarts. Bague

1001 — Cornaline. — Intaille; buste de faune ou bacchant souriant. L'expression de gaieté maligne de cette tête de faune rappelle les meilleures statues de l'antiquité. Bague.

1002 — Sardonyx à quatre couches. — Intaille; faune agenouillé tressant une couronne de pampres. Bague.

1003 — Sardoine blonde veinée. — Intaille; faune barbu, tenant une amphore dont il verse le vin dans un cratère. Bague.

1004 — Cornaline. — Intaille; faune assis au pied d'un ceps de vigne; un génie ailé l'aide à remplir de raisins une corbeille. Bague.

1005 — Cornaline. — Intaille; deux faunes barbus sacrifiant. Bague.

1006 — Cornaline. — Intaille; Scarabée étrusque, faune bacchant agenouillé, tenant d'une main une œnochoé et de l'autre un canthard. Bague.

1007 — Sardonyx à trois couches. — Intaille; bacchant en marche, la nébride sur l'épaule, tenant d'une main une coupe, de l'autre un œnochoé. Bague.

1008 — Nicolo. — Intaille; jeune bacchant nu, tenant une

draperie flottante et dansant le thyrse à la main ; près de lui une panthère ; dans le champ, des crotales. Bague. Diam. 21 mill. sur 16 mill.

1009 — Cornaline. — Intaille ; bacchante couronnée de corymbes et de pampres ; buste de trois quarts, avec la nébride et le thyrse. Bague.

1110 — Sardonyx à deux couches. — Intaille ; bacchante en marche, vêtue d'une longue robe, tenant d'une main le thyrse, de l'autre une coupe. Bague.

1011 — Sardoine Jemmer. — Intaille ; masque de face de satyre, grimaçant, la barbe et les cheveux hérissés. Bague. Très-bon travail d'une rare beauté de matière.

1012 — Cornaline. — Intaille ; masque de bacchante coiffée de pampres. Bague.

1013 — Cornaline. — Intaille ; Centaure marchant. Bague.

1014 — Sardoine bavée. — Intaille ; cratère, ou grand vase dionysiaque à deux anses. Malgré l'exiguïté de cette jolie pierre, on distingue le bas-relief qui décore le vase ; c'est un sacrifice à Bacchus. Bague. Travail gréco-romain d'une grande délicatesse.

1015 — Sardonyx à trois couches. — Intaille ; vase à deux anses, orné de guirlandes. Bague.

1016 — Cornaline. — Intaille ; Amour naviguant sur un écrevisse. Bague.

1017 — Cornaline. — Intaille ; Amour l'arc à la main, sur un cheval. Bague.

1018 — Calcédoine blanche. — Intaille; trois Amours dans une barque, dont un joue de la double flûte. Bague.

1019 — Sardonyx à trois couches. — Intaille; Amour ailé poursuivant un papillon. Bague.

1020 — Cornaline. — Intaille; génie ailé jouant avec une oie; sur le sol deux vases dits lecythus. Bague.

1021 — Calcédoine blanche. — Intaille; Némésis ou la Fortune, ailée, debout. Bague.

1022 — Cornaline. — Intaille de travail barbare; la Fortune debout, tenant d'une main la corne d'abondance, et de l'autre un gouvernail. Non montée.

1023 — Grenat syrien. — Intaille; Victoire volant, une palme et une couronne à la main. On lit en creux : V. M. ANT. Bague.

1024 — Cornaline. — Intaille; Hypnos ou le Sommeil, buste lauré, barbu avec des ailes de papillon à la tête. Bague.

1025 — Sardoine. — Intaille; buste représentant l'Afrique. Bague.

1026 — Cornaline. — Intaille; tête d'Hercule jeune, avec massue. Bague. Excellent travail grec de très-belle matière.

1027 — Sardoine. — Intaille; buste d'Hercule jeune, avec la peau de lion. Bague.

1028 — Sardonyx à trois couches. — Intaille; buste de face d'Hercule, avec la peau de lion. Bague.

1029 — Topaze. — Intaille; Hercule, tête de face. Bague.

1030 — Rubis. — Intaille; Hercule coiffé de la peau du lion, buste de profil. Bague.

1031 — Cornaline. — Intaille; Hercule, buste de profil, avec la peau du lion. Bague.

1032 — Cornaline. — Intaille; Hercule, buste de profil. Bague.

1033 — Cornaline. — Intaille; Hercule et Mégare, bustes conjugués de profil. Bague.

1034 — Sardonyx rubannée. — Scarabée avec intaille; Hercule remplissant un vase à une fontaine, dont il vient de faire jaillir l'eau d'un rocher. Bague.

1035 — Nicolo. — Intaille; Hercule étouffant Antée; bague.

1036 — Calcédoine jaune. — Intaille; même sujet; bague.

1037 — Cornaline. — Intaille; Hercule combattant l'Hydre de Lerne; montée en bague.

1038 — Nicolo. — Intaille; Hercule rendant compte à Eurysthée des douze travaux qu'il a exécutés par ses ordres; montée en bague.

1039 — Cornaline. — Intaille; Hercule au repos; il est assis et s'appuie sur sa massue.

1040 — Nicolo. — Buste de profil de Persée, barbu et coiffé du casque de Pluton; bague.

1041 — Saphir d'Orient. — Scarabée; sur le plat est gravé en creux : Persée tenant la tête de Méduse. Haut. 20 mil. sur 15 mil. de larg.; monté en cachet.

1042 — Cornaline. — Intaille; Bellérophon monté sur Pégase, prêt à frapper de sa lance; on lit dans le champ : AIIIC; bague d'un très-beau travail.

1043 — Cornaline. — Intaille; Pégase volant, au-dessous : RVFIONIS, c'est le nom, au génitif, du possesseur de ce cachet; anneau antique en argent.

1044 — Sardoine. — Intaille; tête de Méduse de profil, d'un travail très-précieux, fracturée; bague.

1045 — Nicolo. — Intaille; tête de Méduse de face; bague.

1046 — Nicolo. — Intaille; Œdipe combattant le Sphynx, bague.

1047 — Cornaline. — Intaille; le devin Polyidius retirant le corps de Glaucus, fils de Minos, du vase de miel dans lequel le jeune enfant était tombé en poursuivant une souris, et où il était mort étouffé; bague or émaillé.

1048 — Sardoine. — Intaille; héros debout, le casque en tête et armé de toutes pièces; à côté, un animal chimérique.

1049 — Cornaline blonde. — Intaille; héros casqué, dirigeant à pied les deux chevaux de son bige; bague.

1050 — Cornaline. — Intaille; épisode du combat autour du corps de Patrocle; bague.

1051 — Cornaline. — Intaille; Ulysse, buste de profil avec le pilos; bague.

1052 — Agate barrée. — Intaille; Ulysse debout, avec le bâton de voyageur à la main, et vêtu d'un manteau court.

1053 — Sardoine brune.— Intaille ; Ulysse consultant le devin Tirésias; bague.

1054 — Cornaline. — Intaille; Tydée blessé et retirant la flèche de sa jambe : on lit son nom en caractères étrusques; bague.

1055 — Grenat —Intaille; Diomède s'emparant du Paladium; le fils de Tydée est debout l'épée à la main ; bague.

1056 — Grenat. — Intaille; Philoctète arrachant la flèche d'Hercule qu'il vient de laisser tomber sur son pied ; bague.

1057 — Sardoine rubanée. — Intaille; héros barbu et agenouillé, tenant de la main droite un poignard; bague.

1058 — Cornaline. — Intaille; Othryades blessé, le casque en tête, ayant conservé son bouclier au bras, excellent travail grec; bague.

1059 — Nicolo à cinq couches. — Intaille; Sapho assise, tenant sa lyre sur ses genoux; bague.

1060 — Grenat. — Intaille; buste de Sophocle de profil; bague.

1061 — Nicolo. — Intaille; Alexandre le Grand, roi de Macédoine, buste de profil ; bague.

1062 — Émeraude. — Intaille; Ptolémée II, roi d'Égypte, buste de profil avec diadème; bague.

1063. — Cornaline. — Intaille; Polémon Ier, roi du Bosphore, buste de profil avec diadème; bague.

1064 — Sardonyx à trois couches. — Intaille; buste de roi barbare, de profil; bague.

1065 — Jaspe rouge. — Intaille; buste d'un jeune homme imberbe les cheveux frisés; bague.

1066 — Grenat. — Intaille; Scipion l'Africain, buste de profil; bague.

1067 — Cornaline. — Intaille; Quintus Pompéius Rufus, consul avec Sylla, buste de profil, la tête nue, très-beau travail; bague.

1068 — Cornaline. — Intaille; Sextus Pompée, fils du grand Pompée, buste de profil à tête nue; bague.

1069 — Nicolo. — Intaille; Jules César, buste avec la couronne de laurier; en bas, l'étoile que l'on voit sur ses deniers d'argent, monté en médaillon d'or émaillé. Haut. 30 millim., larg. 23.

1070 — Cornaline gemmer. — Intaille; Jules César, buste de profil, la tête nue; bague.

1071 — Cornaline. — Intaille; Auguste, buste de profil, la tête nue, beau travail; bague.

1072 — Cornaline. — Intaille; Auguste ou plutôt Octave, buste de profil; bague.

1073 — Sardoine claire. — Intaille; Livie voilée en Cérès avec une couronne d'épis et de pavots, buste de profil; bague.

1074 — Améthyste. — Intaille; Antonia, mère de Germanicus, voilée, buste de profil, tres-beau travail et belle matière.

1075 — Sardonyx à trois couches. — Intaille; Germanicus debout, entièrement nu, s'appuyant de la main droite sur une lance et tenant de la gauche une palme, bague.

1076 — Cornaline. — Intaille; Tibère ou Drusus, son frère, buste de profil la tête nue; bague.

1077 — Cornaline. — Intaille; Néron, buste lauré, de profil, bague.

1078 — Sardonyx à deux couches. — Galba lauré, buste de profil; bague.

1079 — Améthyste très-pâle. — Intaille; Omitilla, femme de l'empereur Vespasien, buste de profil; bague.

1080 — Cornaline. — Intaille; l'impératrice Sabine, buste de profil coiffé comme sur les médailles; bague.

1081 — Peridot de couleur claire. — Intaille; Adrien et Sabine sa femme, bustes en regard; bague.

1082 — Émeraude. — Intaille; Antonin le Pieux et Faustine sa femme, bustes en regard; bague.

1083 — Sardoine. — Intaille; Antonin le Pieux et Faustine, bustes en regard; entre les deux on lit : ΓΑΙΟC; bague.

1084 — Sardoine. — Intaille; Marc-Aurèle et Verus, bustes en regard, tous deux revêtus du paludamentum et la tête nue. La beauté de la matière et l'excellence du travail méritent de fixer l'attention; bague. Haut. 16 millim. sur 25.

1085 — Sardoine blonde. — Intaille; Faustine la Jeune, buste de profil avec les cheveux retenus par un lien ; bague.

1086 — Cornaline. — Intaille ; Commode, buste de profil avec la couronne de laurier et la barbe ; bague.

1087 — Cornaline. — Intaille ; Commode lauré, barbu, buste de profil ; bague.

1088 — Cornaline. — Intaille ; Commode représenté nu comme héros ou dieu, le bouclier au bras, monté sur un cheval qui se cabre ; bague.

1089 — Jaspe rouge. — Intaille ; Julia Domna, femme de l'empereur Septime Sévère, buste de profil, sur le croissant ; bague.

1090 — Aigue marine. — Intaille ; Ephèbe vu à mi-corps nageant ; médaillon or émaillé.

1091 — Nicolo. — Intaille ; jeune fille vêtue d'une longue robe et d'un peplum, debout devant un tombeau auquel elle apporte des offrandes ; médaillon or émaillé. Haut. 25 millim. et larg. 14 millim.

1092 — Sardoine. — Intaille ; femme assise, les mains jointes sur les genoux, devant elle une urne posée sur une colonne ; médaillon en or émaillé. Haut. 20 millim., larg. 23 millim.

1093 — Sardoine. — Intaille ; femme assise lisant un volume qu'elle tient de la main droite, très-bon travail ; bague.

1094 — Sardoine. — Intaille ; deux athlètes nus luttant en présence d'un pédrotibe, qui tient la palme destinée au vainqueur.

1095 — Sardoine barrée. — Intaille; deux acteurs debout dialoguant avec le masque comique; d'une grande finesse de travail ; bague.

1096 — Sardoine. — Intaille; masque comique de face; bague.

1097 — Nicolo. — Intaille; Psylle debout, nu, tenant un serpent; à ses pieds, un coq; bague.

1098 — Cornaline. — Bague avec intaille ; sur le chaton, deux personnages debout se tenant par la main; travail romain.

1099 — Sardonyx calcinée à deux couches. — Intaille ; jeune pâtre trayant une chèvre; bague.

1100 — Grenat. — Intaille; autre pâtre agenouillé trayant une chèvre; bague.

1101 — Jaspe rouge. — Intaille; sanglier attaqué par trois chiens, bon travail romain; bague.

1102 — Cornaline. — Intaille; zébu; bague.

1103 — Cornaline. — Intaille; vache allaitant son veau; bague.

1104 — Calcédoine. — Intaille; scarabée; un mulet en marche; bague.

1105 — Calcédoine. — Intaille; aigle attaquant un nid de serpents; bague.

1106 — Calcédoine saphirine. — Intaille; un aigle tenant une couronne; bague.

1107 — Cornaline. — Intaille; oiseau de l'espèce des échassiers; bague.

1108 — Cornaline. — Intaille; grylle composé de trois têtes : Jupiter, Silène et bacchante; bague.

1109 — Cornaline. — Intaille; grylle composé d'une tête de bélier, d'une tête de Silène et d'un col de tête de cheval avec bride; bague antique en or.

1110 — Cornaline. — Intaille; grylle composé d'une tête de femme et d'une hure de sanglier; bague.

1111 — Cornaline onyx à deux couches. — Intaille; grylle composé d'une tête virile barbue, de deux têtes de femme et d'une tête de chien.

1112 — Jaspe brun. — Intaille; Canope entre deux serpents qui se dressent ou Agathodémons; bague antique en argent.

1113 — Grenat violet de Syrie. — Intaille; même type qu'au précédent; on distingue sur la panse du vase un disque entre deux cornes de vache, coiffure symbolique d'Isis; bague antique en argent.

1114 — Cornaline. — Intaille; Égyptien, buste de face, travail romain; bague.

1115 — Cornaline. — Intaille; femme égyptienne, buste de face; bague.

PIERRES GNOSTIQUES.

1116 — Jaspe vert. — Intaille; Abraxas — soleil sous les traits d'Apollon, le fouet à la main, debout dans un quadrige; autour les douze signes du zodiaque; revers : un Éros ailé debout sur le globe du monde, les bras étendus. Haut. 40 millim. sur 32.

1117 — Jaspe vert. — Intaille; Jaô sous les traits d'un être monstrueux à tête de coq, à corps humain se terminant par deux serpents; il tient d'une main un fouet et de l'autre un bouclier, sur lequel on distingue son nom; au revers on lit : CABAΩΘ ABPACAΞ. Haut. 20 millim. larg. 15.

1118 — Jaspe jaune. — Intaille; Anubis debout tenant une longue palme de la main droite et à gauche une espèce de sceau avec légende, et au revers plusieurs signes cabalistiques.

1119 — Cornaline. — Amulette en forme de cœur chargée de symboles gnostiques gravés en creux.

1120 — Jade vert. — Intaille; Cnouphis sous la forme du serpent à tête de lion radiée.

MÉDAILLES GRECQUES ET ROMAINES.

1121 — Argent. — Phistélia de Campanie; tête de femme vue de face, les cheveux tressés régulièrement; au revers, en caractères osques : CΦIΣTYΛIS, grain d'orge, dauphin et coquille semblable à celle que l'on voit sur les monnaies de Cumes : obole d'argent, module 10 millim.

1122 — Argent. — Médaille de Métaponte de Leucanie; buste de Cérès de profil; revers, épis; légende, META.

1123 — Argent. — Autre médaille de Métaponte; buste de Minerve casquée de profil; revers, épis; légende, META.

1124 — Argent. — Tétradrachme de Thurium en Leucanie; tête de Minerve de profil, coiffée d'un casque orné d'une crinière sur lequel est sculptée une figure du monstre Scylla lançant une pierre; revers : ΘOYPIΩN, taureau furieux frappant la tête de ses cornes.

1125 — Argent. — édaille de Crotone du Brutium; tête de Junon Lacinia de face, avec les cheveux tombant en longues tresses sur les épaules et coiffée d'une haute stéphané richement ornée; revers : Hercule nu assis sur un rocher, tenant d'une main le canthare et de l'autre la massue. On distingue sur le rocher la peau de lion et l'arc; la légende est KPOTΩNIATAN.

1126 — Argent. — Locres du Brutium; foudre; légende : ΛOKPΩN; au revers, aigle dévorant un lièvre qu'il tient dans ses serres.

1127 — Argent. — Tétradrachme de Syracuse; tête d'Aréthuse de profil tournée à gauche; dans le champ, quatre poissons; légende, ΞVPAKOΞIΩ; au revers, victoire ailée, couronnant l'aurige d'un char à quatre chevaux; dans l'exergue, les prix de la course, une armure complète, on lit en bas : AΘΛA (jeux); flan irrégulier. Haut. 37 millim. sur 34 millim., provenant de la collection Raoul-Rochette.

1128 — Argent. — Tétradrachme d'Athènes; tête de Minerve coiffée d'un casque à cimier; au revers, dans une couronne d'olivier, l'abrégé consacré du nom des Athéniens et le type habituel.

1129 — Argent. — Denier de la république romaine, avec les noms des familles Æmilia et Plautia, au type du roi Arétas.

1130 — Argent. — Denier de Titus; buste de profil de Titus; revers, *Bonus Eventus.*

1131 — Argent. — Denier de Sabine, femme de l'empereur Adrien, buste de profil.

1132 — Argent. — Denier de Faustine mère; revers, l'Éternité.

1133 — Argent. — Denier, même type qu'au numéro précédent; revers, Vesta.

1134 — Argent — Denier de Marc-Aurèle.

1135 — Denier de Géta.

BIJOUX D'OR ANTIQUES

1136 — Or. — Bracelet composé de quatorze rosaces en or estampé.

1137 1138 — Or. — Paire de bracelets étrusques, entièrement couverts d'ornements en filigrane, parmi lesquels on distingue deux sujets; les fermoirs sont ornés de figures humaines assises et de ronde bosse, dont les traits sont dessinés en filigrane. Ces précieux bijoux proviennent de fouilles faites dans les nécropoles de l'Étrurie; on peut leur attribuer une très-haute antiquité.

1139 — Or. — Bracelet composé de croisillons en pâte de verre revêtus de feuilles d'or qui ne laissent voir le verre qu'aux quatre extrémités. Long. 20 cent.

1140 — Or. — Bracelet composé de perles d'or séparées entre elles par de moindres perles; sept boules de pâte de verre de diverses couleurs y sont suspendues.

1141 — Or. — Bracelet composé de grains à douze faces; le fermoir est formé d'une plaque au repoussé, représentant une tête de Minerve casquée.

1142 — Or. — Bague en or massif en forme d'œil; une agate rouge à quatre couches non gravée en décore le chaton.

1143 — Or. — Bague d'or massif en forme d'œil; le chaton est orné d'un nicolo gravé en creux, dont le type est un aigle tenant une palme.

1144 — Or. — Autre bague, or ciselé, ornée de feuillage; sur le chaton un nicolo non gravé.

1145 — Or. — Une bague dont le chaton offre en creux la Chimère.

1146 — Or. — Bague étrusque; le chaton, de forme oblongue, est orné d'un génie ailé entre deux lions.

1147 — Or. — Pendants d'oreilles; génie ailé d'Apollon, tenant d'une main la lyre et de l'autre une couronne.

1148, 1149 — Or. — Paire de pendants d'oreilles en forme de vase découpé à jour.

1150 — Émeraude. — Pendant d'oreilles formé d'une tête d'Ethiopien, de ronde bosse; très-bon travail.

— 75 —

1151. 1152 — Or. — Paire de boucles d'oreille en forme d'outres, ornées de filigrane.

1153 — Or. — Pendant d'oreilles; à un grand anneau sont suspendus un phallus, deux perles et deux petites coupes.

1154 — Or. — Pendant d'oreilles, génie ailé tenant une amphore. Haut. 18 millim.

1155 — Or. — Pendant d'oreilles, figure d'Harpocrate.

1156 — Or. — Pendant d'oreilles formé par un buste ronde bosse, tête de femme, peut-être Junon. Haut. 35 millim.

1157 — Or. — Pendant d'oreilles, tête d'Ariane couronnée de pampres et richement ornée de grains d'émeraude et de sardonyx. Haut. 25 millim.

1158. 1159 — Or. — Paire de pendants d'oreilles formés de bustes de déesse.

1160. 1161 — Or. — Paire de pendants d'oreilles; le motif est Cupidon ailé, suspendu à un bouton orné d'un grenat cabochon. Haut. 35 millim.

1162 — Or. — Pendant d'oreilles, travail partie au repoussé, partie en filigrane, orné de sphynx et de rosaces. Haut. 25 millim.

1163. 1164 — Or. — Paire de pendants d'oreilles, semblable, un peu moins grande.

1165. 1166 — Or. — Une paire de pendants d'oreilles, formée par une tête de taureau, travail au repoussé, décoré d'un grenat sur le front avec ornements et filigrane. Haut. 35 millim.

1167. 1168 — Or. — Une paire de pendants d'oreilles, ornés d'une tête de Méduse de face. Haut. 32 millim.

1169 — Or. — Pendant de collier, vase à deux anses chargé de pampres et de masques bachiques en relief.

1170. 1171 — Or. — Une paire de pendants d'oreilles, forme de vase suspendu à une chaînette. Haut. 20 millim.

1172. 1173 — Or. — Une paire de pendants d'oreilles, formée de rosaces à filigrane avec pendants en forme de grenades et ornés de verroterie. Haut. 35 millim.

1174 — Or. — Collier formé de perles séparées par des couronnes. Provient de la vente Durand.

1175 — Or. — Collier composé d'un cercle en or, dans lequel sont passées 52 perles en pâte de verre dorée et émaillée de bleu et de blanc auquel est suspendu un phallus en verre bleu; le fermoir est orné de deux plaques gravées en creux, Neptune et une Victoire ailée. Long. 21 cent.

1176 — Or. — Collier composé de petits cols d'amphore auquel est suspendu une amphore à deux anses dont la panse est en pâte de verre; le milieu du collier est orné de deux têtes de lions. Long. 30 cent.

1177 — Or. — Collier composé de grains de blé et de perles qui s'alternent; au milieu un grain orné de filigrane. Long. 33 cent.

1178 — Or. — Collier composé d'une chaînette entremêlée de

petits prismes d'émeraude et de grains de saphir ; le fermoir est orné de deux feuilles. Long. 41 cent.

1179 — Or. — Collier formé de feuilles de lierre et de petits prismes d'émeraude qui alternent. Long. 48 cent.

1180 — Or. — Collier formé d'une chaînette en filigrane, fermoir formé par une tête de gazelle en grenat montée en filigrane. Long. 45 cent.

1181 — Or. — Collier formé de grains d'or dont cinq plus gros sont décorés de filigrane. Long. 31 cent.

1182 — Or. — Collier composé de grains d'or en filigrane alternés de grains d'émeraude et de sardonyx ; le milieu est orné de deux cabochons de grenat et d'un autre en émeraude ; deux têtes de panthère avec vase en grenat complètent la décoration de ce beau collier. 38 cent.

1183 — Or. — Médaillon provenant d'une fibule, tête de Méduse de face ; travail précieux de la belle époque grecque. Diamètre, 35 millim.

1184 — Or. — Pendant de collier composé d'une médaille de Faustine mère, placée au milieu d'un élégant encadrement d'or découpé à jour. Diam. 4 cent.

1185 — Or. — Phallus suspendu à une chaîne ; au revers est représenté l'autre sexe ; travail au repoussé. Haut. 17 millim.

1186 — Or. — Grande fibule composée d'un grand lion ailé, derrière lui deux rangées d'animaux lions et canards ; cette belle fibule est de celles que l'on trouve dans les tombeaux d'Etrurie. Long. 68 millim.

1187 — Or. — Autre fibule ornée de filigrane et d'animaux.

1188 — Or. — Plaque rectangulaire provenant d'une fibule au milieu de laquelle est enchâssé un statère d'or d'Alexandre le Grand; ce statère est entouré de grénetis et cantonné de quatre tierce-feuilles; ce bijou, de forme rare, est suspendu à une charnière découpée en fleurons et gravée. Haut. 46 millim,, larg. 26 millim.

1189 — Or. — Fibule en forme d'épingle ornée d'une perle et deux saphirs.

1190 — Or. — Fibule de même forme ornée d'une palmette et d'une rosace à laquelle sont suspendues par des chaînettes trois pendeloques en pâte de verre rose.

BIJOUX D'OR CHRÉTIENS

1191 — Or. — Anneaux avec chaton portant en creux un aigle éployé et le chrisme.

1192 — Or. — Autre anneau avec chaton, portant un monogramme.

1193 — Or. — Bague; l'anneau, très-large, est enrichi de compartiments en filigrane qui ont dû être ornés de pâte; le chaton, très-élevé, est décoré d'un saphir et découpé à jour.

1193 bis. — Or — Bague dont le chaton est orné d'un cabochon en saphir; la monture, découpée à jour, laisse voir la pierre dans toute son épaisseur. Travail curieux qui paraît remonter au septième siècle, et analogue à celui des couronnes d'or visigothes acquises récemment pour le musée de Cluny.

1194 — Or. — Espèce de reliquaire décoré sur les deux faces de cabochons et de mosaïques en pâte de verre de diverses couleurs, avec ornements de filigrane. 34 millim. carrés.

VASES D'ARGENT

1195 — Argent. — Simpulum; le manche se termine par une tête de cygne; le vase est décoré extérieurement d'une rosace.

1196 — Argent. — Petit vase en forme de casserole; l'anse, plate, est décorée d'ornements gravés et se termine près du vase par deux têtes de cygne.

1197 — Argent. — Petit vase forme basse; anse terminée par une palmette. Haut. 7 cent. 1/2, diam. 7 cent.

IVOIRE

1198 — Ivoire. — Vénus debout entièrement nue, la tête diadémée, ornée de perles. Haut. 10 cent. Objet précieux de la plus grande rareté.

STATUETTES EN BRONZE

1199 — Bronze. — Apollon debout, entièrement nu, les yeux incrustés en argent. Haut. 15 cent.

1200 — Bronze. — Apollon sacrifiant, debout avec de longs cheveux ; le dieu tient de la main droite une phiale. Style étrusque. Haut. 11 cent.

1201 — Bronze. — Minerve debout, revêtue d'une longue robe et du peplum ; elle est coiffée d'un casque à cimier élevé avec nasal et yeux ; elle tient de la main droite une pixis ou boîte carrée. Haut. 9 cent. Belle statuette de travail romain.

1202 — Bronze. — Vénus, debout et entièrement nue, tient de la main gauche la pomme ; statuette récemment rapportée de Syrie. Travail de l'époque romaine. Haut. 35 cent.

1203 — Bronze. — Vénus entièrement nue, tenant une draperie ; la déesse est représentée au moment de descendre au bain. Haut. 21 cent.

1204 — Bronze. — Vénus à sa toilette ; la déesse est représentée debout, entièrement nue, se regardant dans un miroir qu'elle tient à la main. Haut. 16 cent.

1205 — Bronze. — Vénus debout, entièrement nue, les cheveux pendants et la tête diadémée. Haut. 15 cent.

1206 — Bronze. — Mercure debout avec des ailes à la tête, la bourse à la main droite. Haut. 15 cent.

1207 — Bronze. — Mercure debout avec la chlamyde, le pétase ailé et les talonières ; il tient la bourse de la main droite. Haut. 13 1/2 cent.

1208 — Bronze. — Bacchus jeune, imberbe et couronné de lierre, entièrement nu ; il est assis et tient de la main un rhyton. Haut. 10 cent. 1/2. Ce beau bronze, pourvu d'une belle patine, a été trouvé en France, il y a quelques années.

1209 — Bronze. — Silène dansant, un canthare à la main et enveloppé d'un manteau. Haut. 52 millim.

1210 — Bronze. — Satyre à demi couché, appuyé sur le coude gauche ; il est barbu et a de longues oreilles et des pieds de bouc. Haut. 4 cent., long. 6 cent. Ce bronze est aussi remarquable par la beauté du travail que par la belle couleur brillante de la patine.

1211 — (Manque.)

1212 — Bronze. — Hercule au repos, appuyé sur un rocher, recouvert de la peau du lion. Type de l'hercule Farnèse. Haut. 9 cent.

1213 — Bronze.— Fortune-Isis debout, tenant de la main droite un gouvernail sur lequel elle s'appuie, et de la gauche, la double corne d'abondance ; elle est vêtue d'une double tunique talaire ; sur la tête on voit non-seulement le diadème des divinités grecques ou romaines, mais le disque entre deux cornes surmonté de deux longues plumes ; coiffure symbolique d'Isis ou d'Hathor. Haut. 18 cent.

1214 — Bronze. — Hygie debout, vêtue d'une longue robe, tenant la patère dans laquelle le serpent sacré vient manger le gâteau. Haut. 7 cent.

1215 — Bronze. Harpocrate entièrement nu, sauf une nébride jetée sur l'épaule ; il tient de la main gauche une corne d'abondance, l'index de la main droite sur la bouche ; sur son front le disque que l'on voit colorié en rouge et en vert sur les peintures égyptiennes ; les cheveux sont bouclés comme ceux d'un enfant. Haut. 15 cent. Statuette d'un travail exquis et d'une conservation parfaite. Provient de la vente Roussel.

1216 — Bronze. — Harpocrate ; le jeune dieu représenté entièrement nu, debout, le doigt sur les lèvres, le corps légèrement incliné à gauche, supporté par le coude qui portait sans doute sur une colonne qui a disparu et qui a été remplacée par un tronc d'arbre ; les cheveux bouclés sont serrés par un bandeau ; il porte le schent ou couronne des principales divinités égyptiennes, et de plus le crobyle ou nœud des génies. Haut. 53 cent. Cette figure, remarquable par sa dimension, pose sur un piédestal en granit rouge oriental.

1217 — Bronze. — Cycnus accroupi, tirant son épée. Haut. 7 cent.

1218 — Bronze. — Ajax combattant ; le héros représenté barbu et le casque en tête dans l'attitude du combat ; on peut comparer cette remarquable figure avec la statue d'Ajax fils de Télamon qui faisait partie du fronton du temple de Jupiter à Égine, qu'on peut voir dans la glyptothèque de Munich, n° 66.

1219 — Bronze. — Ganymède ou éphèbe nu, debout, tenant d'une main une œnochoë et de l'autre une patère, style étrusque. Haut. 11 cent. 1/2.

1220 — Bronze. — Camille, debout sur la pointe des pieds; il est chaussé d'endromides et vêtu d'une courte tunique; il tient de la main droite un rhyton à tête de bélier, et de la gauche une patère ; très-beau bronze. Haut. 25 cent.

1221 — Bronze. — Enfant romain nu, avec la bulla suspendue au cou, assis sur un chapiteau d'ordre ionique. Haut. 7 cent.

1222 — Bronze. — Danseuse, entièrement nue. Haut. 6 cent.

1223 — Bronze. — Panthère à demi accroupie, la patte posée sur une pierre. Haut. 4 1/2 cent.

1224 — Bronze. — Mouflon accroupi. Haut. 3 1/2 cent.

1225 — Bronze. — Rat tenant un fruit dans ses pattes ; les yeux sont incrustés d'or; la queue n'est pas entière.

1226 — Bronze. — Candélabre étrusque porté sur un trépied terminé par trois pattes de lion posées sur des tortues; il est décoré de trois sujets mythologiques en bas-reliefs découpés à jour : le premier représente Hercule armé de la massue enlevant Déjanire; la deuxième, deux satyres représentant des centaures ithyphelliques barbus et nus en course ; le troisième bas-relief représente deux femmes servantes nues. Trois têtes humaines barbues décorent le haut du trépied; la tige, décorée de rondelles, se termine par des crochets qui soutiennent trois petites lampes portant les numéros 1242, 1243 et 1244. Haut. 48 cent.

1227 — Bronze. — Candélabre étrusque posant sur trois griffes de lion ; la tige est portée par un satyre barbu. Haut. 27 cent.

1228 — Bronze. — Candélabre étrusque porté par trois jambes humaines formant le triskèle ; les pieds sont chaussés de sandales, la tige en spirale est surmontée d'une figure de divinité mâle ailée, dont le corps se termine par deux queues de poisson. Cette figure se termine par un plateau destiné à porter la lampe. Haut. 49 cent.

1229 — Bronze. — Candélabre porté sur trois griffes de lion ; au sommet, quatre fleurons destinés à supporter des lampes, et, au centre, un groupe de figures de style étrusque représente un satyre ou centaure ithyphallique qui tient dans ses bras une femme qui élève ses mains au ciel. Ici on peut reconnaître Nessus et Déjanire. Hauteur des figures, 11 cent.; et hauteur totale, 96 cent.

1230 — Bronze. — Candélabre à fût cannelé, porté sur trois griffes de lion, se terminant par quatre fleurons au centre desquels est une figurine d'Hercule debout. Hauteur de la figure, 12 cent.; hauteur totale, 1 mèt. 11 cent.

1231 — Bronze.—Candélabre reposant sur trois pieds de biche ; sur la tige, un serpent qui menace un coq. Haut. 40 cent.

1232 — Bronze. — Candélabre reposant sur trois pieds de cheval; sur le fût cannelé, un coq en relief. Haut. 41 cent.

1233-1234 — Bronze. — Deux candélabres semblables reposant sur trois pieds ; la tige est décorée de spirales. Haut. 25 cent.

1235 — Bronze. — Candélabre, ou plutôt fût de candélabre, figurant un arbrisseau avec ses nœuds et son écorce. Hauteur 1 mèt. 24 cent.

1236 — Bronze. — Candélabre à fût cannelé, reposant sur trois griffes de lion. Haut. 92 cent.

1237 — Bronze. — Lampe à un seul bec; l'anse est formée d'une double branche arrondie. La partie supérieure est décorée de rinceaux et d'une palmette incrustés en argent. Haut. 6 cent.

1238 — Bronze. — Lampe à un seul bec ; belle patine verte.

1349 — Bronze. — Lampe figurant un pied humain chaussé de sandale ; le couvercle est formé d'une figurine représentant un enfant endormi. Cet objet précieux a conservé des restes d'incrustation en argent. Haut. 9 cent., long. 19.

1240 — Bronze. — Lampe à deux becs, ornée de quatre mascarons ; l'anse est décorée d'une feuille triangulaire. Diam. 18 cent.

1241 — Bronze. — Lampe ; une tête de Silène, d'excellent style, décorée la partie supérieure, une feuille de vigne placée au-dessus de l'anneau forme l'anse. Haut. 3 cent., larg. 8 cent.

1242 — Bronze. — Lampe à une mèche, avec chaînettes destinées à la suspendre aux branches d'un candélabre. Larg. 8 cent., haut. 2 1/2 cent.

1243 — Bronze. — Lampe à deux mèches avec chaînettes; une feuille triangulaire sert de manche.

1244 — Bronze. — Autre lampe semblable.

1245 — Bronze. — Miroir étrusque; le manche se termine par une tête de bélier. Le sujet gravé sur la la face principale représente les Dioscures et Phœbé et Hilaire. Long. 26 cent. Très-belle conservation et belle patine bleue.

1246 — Bronze plaqué d'argent. — Trépied; la décoration de ce trépied est d'une grande simplicité, formée de trois pieds se terminant par des griffes de lion, et se réunissant par trois X qui s'élargissent et se rétrécissent à volonté; ces pieds sont terminés chacun par des bustes de femme représentant une déesse revêtue du peplum. Rare et précieux monument de l'antiquité. Haut. 1 mètre.

1247 — Bronze. — Pied d'un trépied. Le motif est le même que celui du grand trépied que nous venons de décrire avec incrustations en argent.

1248 — Bronze. — Trépied destiné à supporter une lampe; les trois pieds sont façonnés en griffes de lion. Haut 16 cent.

1249 — Bronze. — Vase, sorte d'œnochoé tout uni; l'anse décorée de rinceaux élégamment découpés. Haut. 45 cent.

1250 — Bronze. — Vase sans anse, pourvu d'une belle patine verte. Haut. 23 cent.

1251 — Bronze. — Vase à une seule anse. Une tête de Méduse en décore l'attache. Haut. 31 cent.

1252 — Bronze. — Vase de forme ronde, sans anses, reposant sur trois pieds. Bonne patine verte. Haut. 27 cent.

1253 — Bronze. — Vase rond sans anses, avec goulot. Haut. 9 cent.

1254 — Bronze. — Œnochoé, avec ouverture en forme de trèfle; l'anse est décorée en haut par une tête de sphynx; en bas, par un masque de satyre barbu. Haut. 23 cent.

1255 — Bronze. — Œnochoé à peu près de même forme. Haut. 21 cent.

1256 — Bronze. — Œnochoé à une seule anse. L'orifice en forme de trèfle; l'anse décorée d'une tête de lion se rattache à la panse par un masque bachique. Haut. 15 cent.

1257 — Bronze. — Œnochoé; l'anse de forme très-élégante se rattache à la panse par un joli masque silénique, Haut. 21 cent.

1258 — Bronze. — Œnochoé à une seule anse forme allongée, décorée de trois autres ornements gravés d'une grande finesse, belle patine bleue. Haut. 19 cent.

1259 — Œnochoé à une anse qui se rattache à la panse par une griffe de lion. Haut. 20 cent.

1260 — Bronze. — Œnochoé à ouverture en trèfle; l'anse se rattache à la panse par une palmette. Haut. 16 cent.

1261 — Bronze. — Œnochoé; l'anse se rattache à la panse par un mascaron. Haut. 16 cent.

1262 — Bronze. — Vase à couvercle dont l'anse est formée par une figure de cubiste; sur le couvercle, un oiseau à tête humaine ou harpie. Hauteur, avec l'oiseau, 19 cent.

1263 — Bronze. — Œnochoé, orifice en forme de trèfle allongé en bec; l'anse se termine en tête de bélier et est décorée à l'endroit de l'attache d'un sujet en relief. On lit deux caractères étrusques gravés en creux sur la base de ce curieux vase. Haut. 23 cent. Très-belle patine.

1264 — Bronze. — Vase, forme d'amphore à anse mobile qui se rattache au col par deux têtes de Bacchus, munies de grandes ailes. Une chaîne indique que cette sorte de seau était destinée à être suspendue. Haut. 16 cent.

1265 — Bronze. — Vase à une anse à large ouverture; l'anse se rattache à la pause par un masque silénique.

1266 — Bronze. — Vase à une anse sans ornements; très-belle patine verte. Hauteur, avec l'anse, 15 cent.

1267 — Bronze. — Vase figurant une tête de déesse avec endants d'oreilles et anse en forme de croissant. Haut. 17 cent.

1268 — Bronze. — Lecythus sans anses, à panse cannelée dans le sens horizontal. Haut. 11 cent.

1269 — Bronze. — Emblème d'un vase; faune assis sur un âne, portant sur l'épaule une sorte de lyre. Dans le champ un thyrse ; la nébride du faune est jetée sur le dos de l'âne qui porte au cou une sonnette ; le tout avec incrustations en argent. Diam. 8 cent. 1/2.

1270 — Bronze. — Une passoire. Le manche est orné d'une figure en relief. Long. 29 cent,

1271 — Bronze. — Autre passoire ; l'anse est décorée de palmettes en relief ; très-belle patine. Long. 32 cent.

1272 — Bronze. — Anneau ; le chaton portant le buste de Jupiter Sérapis sur l'aigle. Diam. 18 millim.

1273 — Bronze. — Tête radiée d'Apollon. — Soleil ; applique du plus grand style grec. Haut. 9 cent. Les yeux sont incrustés en argent.

1274 — Bronze. — Masque de satyre barbu. Haut. 8 cent.

1275 — Bronze. — Palmette décorée d'une tête barbue à longs cheveux tressés, peut-être Jupiter Sérapis. Haut. 14 cent. Très-beau style.

1276 — Bronze. — Mufle de lion disposé en goulot de vase. Haut. 7 cent.

1277 — Bronze. — Tête de bouc. Haut. 8 cent.

1278 — Bronze. — Tête de bélier ; fragment d'un ustensile dont c'était l'extrémité.

1279 — Bronze. — Cachet avec anneau à l'usage des potiers de terre. On lit : IVL. VRBICA
        L. M. V. GENESI.
Long. 7 1/2 cent.

1280 — Bronze. — Cachet avec anneau sur lequel est gravée en creux une grappe de raisin. On lit :

AMPLIA
C. TREBAT.
PRIMIGENI

1281 — Bronze. — Collier formé d'une chaînette à laquelle est suspendue une bulle.

1282 — Bronze. — Collier formé d'un cercle ; ornements gravés. Diam. 14 cent.

1283 — Bronze. — Bulle provenant d'un collier, avec bas-relief repoussé, représentant un génie funèbre ailé. Diam. 6 cent.

1284 — Bronze. — Collier ou chaînon, composé d'anneaux et d'ornements. Long. 1 mèt.

1285 — Bronze. — Chaîne munie de ses fermoirs. Long. 1 mèt. 18 cent.

1286 — Bronze. — Chaîne munie de ses fermoirs, anneau et crochet ; le crochet affecte la forme phallique. Long. 1 mèt. 6 cent.

1287 — Bronze. — Bracelet formé d'une spirale élastique de vingt-huit anneaux. Diam. 9 cent., haut. 13 cent.

1288 — Bronze. — Phallus ailé, avec le train de derrière d'un chien dont la queue elle-même figure un phallus. Un anneau indique que cet objet était destiné à être suspendu. Long. 11 cent.

1289 — Bronze. — Double phallus, suspendu à un anneau avec chaînette.

1290 — Bronze. — Fibule décorée d'incrustations en argent gravé. Long. 10 cent.

1291 — Bronze. — Fibule avec ornements gravés. Long. 14 cent.

1292 — Bronze. — Autre fibule pourvue d'une très-belle patine.

1293 — Bronze. — Autre fibule ; belle patine.

1294 — Bronze. — Une autre belle patine.

1295 — Bronze. — Une autre avec ornements gravés. Long. 6 cent.

1296 — Bronze. — Grande fibule formée de deux anneaux en spirale. Long. 17 cent.

1297 — Bronze. — Romaine avec son poids et cinq crochets ; sur trois faces on distingue des lettres et des marques indicatives pour les poids.

1298 — Bronze. — Poids portant l'indication pondérale incrustée en argent.

1299 — Bronze. — Poids de balance à plateaux en forme de vase à côtes.

1300 — Bronze. — Autre poids de même forme.

1301 — Bronze. — Poignard ; la lame est fixée au manche par une attache en fer. Long. 26 cent.

1302 — Bronze. — Stylet pour écrire ; l'extrémité est formée par une main ouverte qui servait à étendre la cire sur les tablettes. Long. 25 cent.

1303 — Bronze. — Un autre stylet ; l'extrémité est terminée par deux figures adossées, Sérapis et Isis.

1304 — Bronze. — Spatule. Long. 18 cent.

1305 — Bronze. — Une autre. Long. 16 cent.

1306 — Bronze. — Une autre. Long. 16 cent

1307 — Bronze. — Une autre. Long. 15 cent.

1308 — Bronze. — Une autre. Long. 14 cent.

1309 — Bronze. — Une autre, dont l'extrémité a la forme d'une pelle.

1310 — Bronze. — Instrument coupant en forme de bêche. Long. 16 cent.

1311 — Bronze. — Instrument à faire du filet.

1312 — Bronze. — Pince.

1313 — Bronze. — Pince, espèce d'épilatoire. Long. 17 cent.

1314 — Bronze. — Boîte ronde avec son couvercle, ornée de cercles concentriques. Haut. 7 cent.

1315 — Bronze. — Boîte à parfums avec couvercle ouvrant à charnière, sur lequel est une figure de Mercure debout.

1316 — Bronze. — Boîte de même forme; sur le couvercle, Mercure et la Fortune.

1317 — Bronze — Boîte semblable ; sur le couvercle un cheval paissant.

1318 — Bronze incrusté d'émail. — Boîte à parfums du genre des précédentes, de forme quadrangulaire.

1319 — Bronze incrusté d'émail. — Panthère couchée provenant d'une fibule. Long. 4 cent.

1320 — Bronze incrusté d'émail. — Fibule formée d'une rosace; émaux de couleurs variées; travail gallo-romain. Long. 5 cent.

1321 — Bronze incrusté d'émail. — Bague, chaton en forme d'œil divisé en douze compartiments de couleurs variées.

STATUETTES EN TERRE CUITE ET BAS-RELIEFS

1322 — Terre cuite. — Statuette de femme debout, le coude appuyé sur un cippe, la tête ceinte d'une couronne de lierre et vêtue d'une grande robe ouverte sur la poitrine, elle tient de la main gauche un éventail en forme de feuille de lierre. Haut. 31 cent.

1323. 1324 — (Manque.)

1325 — Terre cuite. — Buste de femme, peut-être Junon; ses cheveux tressés en quatre rangées lui forment une coiffure très-élevée; fragment d'une statuette. Haut. 10 cent.

1326 — Terre cuite. — Fragment d'une statuette de Vénus; excellent travail. Haut. 10 cent.

1327 — Terre cuite. — Fragment d'une statuette dont il ne reste que la tête et le buste, génie bachique. Haut. 5 cent.

1328 — Terre cuite. — Fragment d'une statuette de Vénus arrangeant ses cheveux. Haut, 10 cent.

1329 — Terre cuite. — Statuette d'Ariane couronnée de pampres. Haut. 7 cent.

1330 — Terre cuite. — Tête de femme à longs cheveux. Haut. 5 cent.

1331 — Terre cuite. — Tête d'enfant ou génie aux cheveux bouclés. Haut. 4 cent.

1332 — Terre cuite. — Fragment d'un masque de femme. Haut. 7 cent.

1333 — Terre cuite. — Tête casquée d'un jeune héros, probablement Achille. Haut. 6 cent.

1334 — Terre cuite. — Masque de Priape barbu ; les cheveux tressés régulièrement descendent jusqu'au milieu du front. Long. 20 cent., haut. 9 cent. Le caractère de cette magnifique terre cuite rappelle le célèbre buste de marbre du Louvre connu sous le nom de Jupiter Trophonius.

1335 — Terre cuite. — Fragment d'une statuette d'homme ithyphallique ; le buste et les jambes n'existent plus. Haut. 6 cent.

1336 à 1339. — Terre cuite. — Quatre fragments de phallus.

1340 — Terre cuite. — Tête de Maccus, le polichinelle romain. Haut. 5 cent.

1341 — Terre cuite. — Bas-relief représentant deux amazones combattant un griffon. Haut. 14 cent., long. 32 cent,

1342 — Terre cuite. — Entablement représentant sur la face antérieure deux têtes de Méduse de face séparées par une palmette. Haut. 16 cent., long. 26 cent.

1343 — Terre cuite. Lampe en forme de tête de bœuf, terre rouge.

1344 — Terre cuite. — Lampe en forme de souris avec deux becs pour les mèches et deux anneaux.

1345 — Terre cuite. — Flambeau ou lampe sur un pied de terre noire; travail barbare. Haut. 12 cent.

1346 — Terre cuite. — Lampadaire ou candélabre en forme de colonne, décoré d'ornements peints en brun sur un fond jaune. Haut. 47 cent.

VASES PEINTS

1347 — Vulci. — Amphore tyrrhénienne; sur la face principale, cinq divinités. Jupiter est assis sur un ocladias, la foudre et le sceptre à la main; sur l'autre face un sujet guerrier. Haut. 55 cent.

1348 — Vulci. — Hydrie à trois anses; sur la panse, réunion de cinq divinités debout, trois dieux et deux déesses: Apollon, revêtu d'une longue robe et de la chlamyde, jouant de la lyre, occupe le centre de la composition. Haut. 52 cent.

1349 — Vulci — Amphore; Diane debout dans un quadrige qu'elle dirige; Apollon, jouant de la lyre, marche à côté des chevaux; devant les chevaux, la biche de Diane; au revers, un sujet bachique. Haut. 42 cent.

1350 — Nola. — Amphore. La naissance de Minerve; la déesse

sort armée du cerveau de Jupiter ; revers, sujet bachique. Haut. 40 cent.

1351 — Fabrique grecque. — Petit vase à une anse; Éros ailé apporte un présent à Vénus qui lui offre une couronne. Haut. 8 cent.

1252 — Nola. — Œnochoé ; génie hermaphrodite ailé, tenant d'une main une grande coupe et de l'autre une couronne. Haut, 18 cent.

1253 — Nola. — Petite œnochoé à une anse ; Vénus assise se regardant dans un miroir que lui présente l'Amour ailé. Haut. 15 cent.

1354 — Nola. — Guttus grec, avec anse; Eros et Anteros se tournant le dos : on lit la formule : ΗΟ ΠΑΙΣ ΚΑΛΟΣ, Haut. 6 cent

1355 — Basilicate — Boîte ronde avec couvercle décoré d'une femme assise; peinture rouge et blanche. Haut. 8 cent.

1356. — Basilicate. — Scyphus profond ou tasse à deux anses; femme assise tenant un bassin et une couronne. Haut. 10 cent.

1357 — Basilicate. — Vase à une seule anse; génie hermaphrodite ailé assis; une femme vêtue d'une longue robe lui présente un plat rempli de fruits. Haut. 9 cent.

1358 — Vulci. — Amphore; peinture noire rehaussée de rouge et de blanc. Bacchus debout couronné de lierre, tenant un canthare; devant lui, Ariadne tenant un œnochoé ; au revers, sujet héroïque. Haut. 39 cent.

1359 — Vulci. — Amphore; Bacchus barbu couronné de lierre, revêtu d'une longue robe; devant lui, Ariadne; revers, Hercule combattant le lion de Némée; peinture noire rehaussée de rouge et de blanc. Haut 37 cent.

1360 — Vulci — Amphore; Bacchus et Ariadne debout en face l'un de l'autre; peinture noire rehaussée de rouge et de blanc; revers, deux guerriers à pied et deux à cheval. Haut. 45 cent.

1361 — Vulci. — Amphore; au milieu de pampres, Bacchus barbu orné de lierre, à demi couché sur un lit, se trourne vers une ménade vêtue d'une longue tunique. Haut. 31 cent.

1362 — Basilicate. — Amphore. Bacchus et Ariadne; revers, deux éphèbes; peinture rouge rehaussée de blanc. Haut. 40 cent.

1363 — Vulci. — Petite amphore. Bacchus en marche, monté sur un mulet ithyphallique; revers, c'est la même scène avec quelques variantes. Haut. 17 cent.

1364 — Vulci. — Lancella. Ariadne debout dans un quadrige qu'elle dirige; revers, deux guerriers à pied combattant; peinture noire. Haut. 18 cent.

1365 — Nola. — Cylix à deux anses; extérieur, marche triomphale de Bacchus; intérieur, Bacchus barbu, vêtu d'une longue robe, assis sur un siége; devant lui, Silène ithyphallique. Haut. 20 cent., diam. 29 cent.

1366, 1367 — Fabrique étrusque. — Une paire de vases *Stamnos* à deux anses, peinture jaune. Les vases de ce style libre et hardi que l'on considère comme incontestablement exécutés en Étrurie, sont d'une grande rareté.

La description de ces vases serait trop longue pour le présent catalogue ; on y remarque Silène et Bellérophon.

1368. — Basilicate. — Œnochoé. Bacchus nu, imberbe, couronné de lierre, tenant d'une main un thyrse et de l'autre une phiale et une grappe de raisin. Haut. 35 cent.

1369 — Basilicate. — Œnochoé. Ariadne assise sur un chapiteau ; Bacchus est debout devant elle ; peinture rouge rehaussée de blanc. Haut. 35 cent.

1370. — Vulci. — Coupe à deux anses ; intérieur, Bacchus barbu accroupi ; revers, un sanglier et deux lions, sujet répété deux fois ; peinture noire réhaussée de rouge. Diam. 20 cent.

1371 — Vulci. — Coupe à une anse surélevée ; peinture noire rehaussée de violet sur fond blanc ; satyre ithyphallique poursuivant une femme ; près de l'anse, deux satyres séparés par deux grands yeux. Haut. 13 cent. y compris l'anse.

1372 — Nola. — Guttus. Peinture rouge ; tête de Silène et tête de bacchante. Haut. 6 cent.

1373 — Nola. — Guttus. Peinture rouge ; deux satyres barbus et à demi-couchés.

1374 — Basilicate. — Vase à deux anses ; peinture blanche et jaune sur fond noir ; masque de bacchante suspendu à une bandelette. Haut. 11 cent.

1375 — Nola. — Amphore. Hercule debout barbu, coiffé de

la peau du lion et vêtu d'un ample manteau ; il tient de la main droite sa massue et de l'autre un arc et deux flèches ; on lit dans le champ ΚΑΛΟS ; au revers, un éphèbe tenant un bâton noueux ; peinture rouge. Haut. 32 cent.

1376 — **Amphore tyrrhénienne.** — Hercule au repos est couché sur une cliné ; près de lui, Minerve et Mercure ; revers, Mercure, monté sur le mulet ithyphallique de Bacchus et accompagné de deux satyres. Haut. 48 cent. Peinture noire rehaussée de rouge.

1377 — **Célèbe à couvercle.** — Peinture rouge ; Hercule combattant Achéloüs en présence de Déjanire ; il lève la massue pour frapper Achéloüs qui s'est transformé en taureau à face humaine et en même temps lui arrache une de ses cornes ; de la longue barbe du fleuve s'échappe une nappe d'eau, circonstance qui remet en mémoire la description que fait Déjanire de cet o lieux prétendant dans la première scène des Trachyniènnes de Sophocle ; Déjanire assiste à ce combat, dont elle doit être le prix ; revers, trois éphèbes. Haut. 40 cent. Ce beau vase provient de la collection célèbre de M. Samuel Rogers, de Londres ; on l'a trouvé à Ceni.

1378 — **Fabrique grecque.** — Guttus à long goulot, couverte noire, offrant en relief la tête d'Omphale. Haut. 10 cent.

1379 — **Nola.** — Coupe à deux anses, peinture rouge ; intérieur, le centaure Pholus armé d'une branche d'arbre et levant le couvercle du Pithos ; inscription rétrograde ΑΥSIS ΚΑΛΟS. Haut. 8 cent., diam. 21.

1380 — Fabrique sicilienne. — Œnochoé. Peinture noire ; le sujet est un épisode de la guerre des sept chefs contre Thèbes ; c'est peut-être le combat de Tydée contre les cinquante Thébains qui l'attendaient dans une embuscade, comme il sortait de leur ville. Haut. 29 cent.

1381 — Vulci. — Amphore, peinture noire rehaussée de blanc ; combat d'Hercule contre les Amazones ; au revers, le même sujet avec variantes. Haut. 44 cent.

1382 — Vulci. — Amphore avec couvercle ; peinture rouge ; Thésée et Pirithoüs combattant l'amazone Antiope ; revers, un jeune héros quittant son vieux père. Haut. 41 cent.

1383 — Fabrique grecque. — Œnochoé, peinture rouge de style ancien, représentant un épisode du siége de la ville de Troie ; revers, sujet funéraire. Haut. 68 cent.

1384 — Nola. — Amphore. Peinture rouge ; Achille debout s'appuyant sur sa lance ; il porte au bras gauche un bouclier dont le symbole est un scorpion ; revers, Briséis debout. Haut. 34 cent.

1385 — Basilicate. — Grande amphore, peinture rouge rehaussée de blanc et de noir ; les anses sont décorées de masques de Méduse en relief qui se détachent en blanc sur fond noir ; des cols de cygne également en relief, élégamment disposés à la naissance des anses, ajoutent à la richesse de cette ornementation ; la peinture représente Achille au moment où il vient de tuer Penthésilée, reine des Amazones ; au revers, sujet funéraire. Haut. 81 cent.

1386 — Vase attique à fond blanc ; le sujet, dessiné par un simple trait rouge, est un éphèbe apportant une offrande sur un tombeau. Haut. 19 cent.

1387 — Fabrique de la Pouille. — Amphore, peinture rouge sur fond noir ; un jeune guerrier et deux jeunes filles debout font des offrandes au tombeau d'Œdipe. Haut. 48 cent.

1388 — Grande amphore panathénique avec l'inscription : TON AΘENEΘEN AΘΛON. Haut. 85 cent.

1389 — Vulci. — Amphore, peinture rouge, scènes de gymnase sur les deux faces. Haut. 40 cent.

1390 — Nola. — Amphore, peinture rouge ; un brabeute barbu et couronné de laurier enveloppé d'un manteau et s'appuyant sur un bâton. Haut. 35 cent.

1391 — Vulci. — Amphore, peinture rouge ; personnage barbu vêtu du tribon. Haut. 25 cent.

1392 — Nola. — Coupe à deux anses ; peinture rouge ; extérieur, neuf éphèbes nus ; intérieur, éphèbe enveloppé d'un manteau s'approchant près d'une coupe sur laquelle on lit : KAΛA et dont il va s'emparer. Diam. 27 cent.

1393 — Nola. — Amphore dont la peinture est altérée ; d'un côté un jeune cavalier, de l'autre un éphèbe appuyé sur un bâton. Haut. 20 cent.

1394 — Nola. — Guttus ; deux éphèbes au repos, enveloppés d'amples manteaux ; l'un est assis. Haut. 5 cent.

1395 — Vulci. — Patella ; peinture noire rehaussée de rouge

intérieur, Tubicine tyrrhénien couronné de lierre, vêtu d'une longue robe, dansant, une lyre et une coupe dans les mains, au son de la double flûte dont joue une femme debout devant lui. Diam. 21 cent. Pièce très-remarquable et d'une belle conservation.

1396 — Vulci. — Amphore; peinture noire rehaussée de rouge et de blanc; départ d'un guerrier chaussant un de ses brodequins; à ses pieds est son casque, en face une femme lui présente ses deux javelots et son bouclier; derrière, un guerrier revêtu de ses armes; au revers, deux guerriers dans un quadrige. Haut. 40 cent.

1397 — Vulci. — Œnochoé; peinture noire rehaussée de rouge; un cavalier barbu, la tête nue, tenant deux javelots et suivi d'un homme à pied; devant le cavalier un vieillard assis, peut-être un roi, portant un sceptre. Haut. 20 cent.

1398 — Vulci. — Amphore; peinture noire rehaussée de blanc; guerrier debout, le casque en tête, portant un large bouclier dont l'emblème est un trépied. Haut. 16 cent.

1399 — Vulci. — Œnochoé; peinture noire rehaussée de blanc; combat de guerriers à pied et à cheval. Haut. 27 cent

1400 — Vulci. — Coupe à deux anses; peinture noire rehaussée de blanc; intérieur, tête de Méduse; extérieur, combat de deux guerriers armés de toutes pièces; au revers, un autre combat de guerriers, l'un à pied et l'autre à cheval, chacun de ces sujets est placé entre deux grands yeux. Haut. 12 cent., diam. 36 cent.

1401 — Nola. — Lancella; peinture rouge; héros nu, casqué, le bouclier au bras et la lance en arrêt; revers, un éphèbe drapé. Haut. 23 cent.

1402 — Vulci. — Amphore; peinture noire rehaussée de rouge; deux hommes au moment de partir pour la chasse: l'un d'eux est armé de toutes pièces; au revers, Ménade dansant entre deux satyres. Haut. 42 cent. Ce vase provient de la vente Samuel Rogers, sous le n° 486.

1403 — Vulci. — Amphore; peinture noire rehaussée de rouge; deux chasseurs sur leurs chevaux et en marche; ils sont munis de deux javelots; revers, Bacchus barbu couronné de lierre. Haut. 41 cent. Vente Samuel Rogers, n° 455.

1404 — Fabrique grecque. — Guttus; couverte noire, sujet en relief; chasseur coiffé du chapeau thessalien, monté sur un cheval au galop. Haut. 9 cent.

1405 — Fabrique corinthienne. — Œnochoé d'ancien style; peinture noire rehaussée de rouge sur fond blanc; deux rangées d'animaux, cigognes, taureau, lion, etc. Haut. 21 cent.

1406 — Fabrique corinthienne. — Coupe à piédouche et anse surélevée; peinture rouge rehaussée de blanc; au pourtour, douze animaux: sphynx, lion, léopard, etc. Haut. avec l'anse, 38 cent. Forme rare.

1407 — Fabrique phénicienne. — Petit vase à anse; peinture noire rehaussée de rouge sur fond blanc; un taureau et un bouc combattant; un semis de rosaces complète l'ornementation de ce vase. Haut. 6 cent.

1408 — Même fabrique. — Vase de même forme; peinture noire rehaussée de rouge sur fond blanc, décoré d'animaux : lion, antilope et autres. Haut. 10 cent.

1409 — Nola. — Guttus; peinture rouge; coq et paon. Haut. 6 cent.

1410 — Nola. — Rhyton formé par une tête de bélier; une couronne de lierre orne le col du vase. Haut. 22 cent.

1411 — Même fabrique. — Autre rhyton formé d'une tête de bélier; sur le col du vase, entre deux palmettes, est un sujet peint en rouge sur fond noir; un satyre debout montre la dépouille d'un animal à un de ses pareils, qui recule épouvanté. Long. 23 cent.

1412 — Même fabrique. — Autre rhyton, forme de tête de génisse; sur le col, un sujet peint en jaune sur fond noir; une harpie, sous la figure d'une femme ailée, poursuit trois jeunes filles effrayées. Haut. 14 cent.

1413 — Même fabrique. — Rhyton, forme de tête de griffon; couverte noire rehaussée de rouge. Haut. 15 cent.

1414 — Basilicate. — Vase à parfums; trois récipients garnis chacun de leur couvercle, réunis à une colonne d'ordre dorique dont le chapiteau est surmonté d'une grenade; les vases sont ornés d'une peinture rouge sur fond noir; femme ailée, nue, portant une boîte à bijoux; une autre un éventail. Haut. 28 cent.

1415 — Attique. — Œnochoé à une anse; sur la partie antérieure, figure de haut-relief; Bacchus jeune, assis sous une vigne; le dieu est représenté nu, couronné de lierre, tenant d'une main une œnochoé et de l'autre une corne d'abondance; il est chaussé de brodequins; la figure est de la couleur de la terre, le reste du vase est peint en noir; les pampres sont peints en vert. Haut. 13 cent. Ce vase curieux a été rapporté d'Athènes par un officier du corps d'armée français qui occupait cette ville pendant la guerre de Crimée.

1416 — Nola. — Vase à une anse, ouverture à trèfle; la panse est formée par la tête d'une femme, sans doute la tête d'Ariane. Haut. 14 cent.

1417 — Même fabrique. — Vase de même forme. Haut. 14 cent.

1418 — Fabrique étrusque. — Grande œnochoé à une anse; peinture noire rehaussée de rouge sur fond blanc, décorée d'imbrications très-fines, gravées à la pointe. Ce vase est d'une parfaite conservation. Haut. avec l'anse, 40 cent. Voyez dans Micali, *Storia degli antichi popoli italiani.* Pl. XCXIX, n° 12. Un vase presque semblable.

419 — Basilicate. — Vase, forme panier, avec une anse surélevée, décoré de deux masques siléniques dont l'un sert de goulot; forme rare. Haut. 22 cent.

1420 — Cyrénaïque. — Amphore à panse cannelée et à deux anses; couverte noire. Haut. 37 cent.

1421 — Même fabrique — Petite hydrie à trois anses et panse cannelée; couverte noire. Haut. 14 cent.

1422 — Même fabrique. — Vase semblable. Haut. 26 cent.

1423 — Nola. — Amphore; couverte noire. Haut. 17 cent.

1424 — Même fabrique. — Amphore; couverte noire, anses tordues. Haut. 22 cent.

1425 — Nola. Scyphus à deux anses; couverte noire. Haut. 11 cent., diam. 12 cent.

1426 — Terre grise. — Amphore de forme élégante, décorée de cercles rougeâtres. Haut. 17 cent.

1427 — Fabrique étrusque. — Amphore, en terre noire; les anses sont décorées de sujets en relief, représentant deux lions en marche. Haut. 36 cent.

1428 — Basilicate. — Vase à deux anses et panse cannelée; couverte noire; décoration en peinture blanche. Haut. 21 cent.

1429 — Cyrénaïque. — Petite amphore à couverte noire; ornements imprimés. — Haut. 9 cent.

1430 — Cyrénaïque. — Petite amphore, semblable à la précédente.

1431 — Basilicate. — Scyphus à deux anses; couverte noire. Haut. 8 cent.

1432 — Même fabrique. — Œnochoé décorée d'une guirlande jaune. Haut. 10 cent.

1433 — Même fabrique. — Vase à couvercle; couverte noire. Haut. 8 cent.

1434 — Nola. — Hydrie à trois anses; belle couverte noire. Haut. 52 cent.

1435 — Nola. — Œnochoé de forme allongée; belle couverte noire. Haut. 28 cent.

1436 — Nola. — Coupe à deux anses surélevées; couverte noire.

1437 — Nola. — Coupe à deux anses; belle couverte noire; au fond, deux ornements gravés. Diam. 17 cent.

1438 — Nola. — Coupe ronde sans anses; couverte noire, décorée d'ornements imprimés. Diam. 24 cent.

1439 — Nola. — Lecythus; couverte noire, décorée d'ornements pointillés. Haut. 19 cent.

1440 — Nola. — Coupe à deux anses, vernis noir. Haut. 8 cent., diam. 10 c.

1441 — Nola. — Coupe à deux anses; couverte noire. Diam. 19 cent.

1442 — Nola. — Coupe à deux anses, semblable à la précédente.

1443 — Basilicate. — Scyphus à deux anses; couverte noire. Haut. 10 cent.

1444 — Cyrénaïque. — Vase à une anse, panse cannelée; l'anse est formée par un nœud. Haut. 7 cent.

1445 — Basilicate. — Scyphus à deux anses; peinture blanche représentant des grappes de raisin et des pampres. Haut. 11 cent.

1446 — Basilicate. — Scyphus; peinture blanche et jaune; pampres et raisin. Haut. 11 cent.

1447 — Basilicate. — Vase à couvercle, terre jaune, décor noir et rouge. Haut. 6 cent.

1448 — Nola. — Petite boîte ronde à couvercle; couverte noire. Haut. 3 cent., diam. 4 cent.

1449 — Nola. — Scutella; couverte noire. Diam. 11 cent.

1450 à 1458 — Petites coupes évasées de différentes formes et de différentes terres.

MONUMENTS EN VERRE ET PATE DE VERRE

IMITATIONS ANTIQUES DE CAMÉES

Fragments de vases avec sujets en relief, animaux, etc.

1459 — Verre irisé. — Buste d'Apollon lauré, les cheveux flottant sur les épaules; imitation de camée. Diam. 4 cent.

1460 — Pâte de verre jaune transparente. — L'Aurore dans son char, debout, conduisant les quatre chevaux. Très-beau travail. Haut. 4 cent., larg. 5 cent.

1461 — Verre vert. — Anneau avec chaton en pâte, imitant un camée d'agate onyx à deux couches, sur fond noir; l'Aurore dans son char. Diam. 19 millim. sur 26.

1462 — Verre. — Vénus accroupie sortant du bain; pâte noire sur fond rouge. Bague.

1463 — Pâte de verre. — Figure blanche sur fond vert. Vénus jouant de la lyre; l'Amour accompagne sa mère sur la double flûte. Bague.

1464 — Pâte de verre à deux couches. — Hébé buvant dans une coupe. Bague.

1465 — Pâte de verre à deux couches imitant un camée. — Figure juvénile couchée. Bague.

1466 — Pâte de verre. — Buste de Bacchus barbu, couronné de pampres. Pâte irisée.

1467 — Pâte de verre. — Anneau dont le chaton offre en relief un masque silénique.

1468 — Verre blanc. — Masque de satyre, de face.

1469 — Pâte de verre bleue. — Fragment d'un bas-relief. Bacchante debout, tenant un thyrse d'une main et un canthare de l'autre. Haut. 7 cent.

1470 — Pâte à deux couches. — Méduse, tête de profil. Très-beau travail.

1471 — Pâte en verre blanc. — Tête de Méduse, de face. Diam. 56 millim.

1472 — Pâte de verre bleu opaque. — Même sujet. Diam. 7 cent.

1473 — Pâte de verre, jaune irisé. — Même sujet.

1474 — Verre vert. — Tête de Méduse, fragment de vase.

1475 — Verre blanc. — Tête de Méduse.

1476 — Pâte à deux couches, imitation de camée. — Buste de Méduse; blanc sur fond violet.

1477 — Pâte noire. — Tête de Méduse ayant fait partie d'un collier.

1478 — Pâte de verre noire. — Autre à peu près semblable.

1479 — Pâte de verre noire. — Même sujet.

1480 — Pâte bleue translucide. — Médaillon avec bélière, offrant de chaque côté un masque barbu.

1481 — Pâte rouge. — Médaillon en forme de cœur, représentant une chouette et ses petits sur un arbre, au pied duquel passe un chien.

1482 et 1483 — Verre blanc irisé. — Mufles de lions, de face.

1484 — Pâte de verre à deux couches. — Drusus l'Ancien, frère de Tibère; buste de profil.

1485 — Pâte bleue translucide. — Buste d'un satrape. Bague.

1486 — Pâte bleue irisée. — Scarabée; sur le plat, Vénus Anadyomène.

1487 — Pâte de verre. — Imitation d'une intaille sur agate rubanée; l'Amour vainqueur d'Hercule. Bague.

1488 — Verre vert. — Thétys ailée agenouillée; intaille.

1489. — Verre jaune irisé. — Intaille; héros nu et casqué, le bouclier au bras.

1490 — Pâte jaune translucide. — Intaille; Marc-Aurèle à cheval. Bague.

1491 — Pâte verdâtre, irisations vives. — Intaille; buste d'Antinoüs.

1492 — Pâte de verre jaune. — Intaille; corne d'abondance.

1493 — Pâte de verre imitant la sardoine barrée.— Sanglier en course.

1494 — Pâte bleu foncé. — Scarabée; sur le plat, un lion dévorant un taureau; en creux.

VASES EN VERRE

1495 — Verre blanc. — Œnochoé avec anse; pièce d'une rare dimension. Haut. 37 cent.

1496 — Verre blanc verdâtre. — Œnochoé à une anse. Haut. 27 cent.

1497 — Verre blanc jaunâtre irisé. — Œnochoé dont l'orifice en trèfle est décoré de filets en relief de couleur bleue. Haut. 26 cent. — Cette pièce remarquable provient de fouilles faites dans l'Archipel grec.

1498 — Verre vert. — Œnochoé à col décoré de deux anneaux en relief et d'un ornement en zig-zag en verre noir. Haut. 25 cent.

1499 — Verre violet moucheté blanc. — Œnochoé à une anse. Haut. 10 cent.

1500 — Verre blanc irisé. — Œnochoé à panse ovoïde, décoré de trois mufles de lion. Haut. 16 cent.

1501 — Verre blanc irisé. — Œnochoé dont l'anse est découpée à jour. Haut. 15 cent.

1502 — Verre blanc irisé. — Œnochoé à goulot long et étroit et anse cannelée.

1503 — Verre bleu. — Œnochoé à ouverture à trèfle et à chevrons de couleur jaune et blanche.

1504 — Verre bleu opaque. — Œnochoé à ouverture à trèfle, décorée de lignes de couleur blanche et jaune. Haut. 12 cent.

1505 — Verre bleu opaque. — Œnochoé à col étroit, ouverture à trèfle, décorée de lignes jaunes et blanches.

1506 — Verre gris bleu. — Œnochoé à panse décorée de lignes jaunes et vertes.

1507 — Verre vert opaque. — Œnochoé décorée de lignes jaunes.

1508 — Verre vert translucide. — Coupe semée d'étoiles de couleurs diverses, dans lesquelles domine une riche nuance de violet. Haut. 7 cent., diam. 12 cent.

1509 — Verre blanc irisé. — Coupe de forme hémisphérique, très-belle forme et parfaite conservation. Diam. 13 cent.

1510 — Verre jaune irisé. — Coupe sans pied ni anse, à base pointue. Diam. 12 cent.

1511 — Verre blanc irisé. — Vase en forme d'écuelle avec deux anses et couvercle. Diam. 10 cent.

1512 — Verre jaunâtre irisé. — Coupe de forme basse, à godrons. Diam. 10 cent.

1513 — Verre blanc irisé. — Coupe de forme basse, ornée d'un cordon en relief. Diam. 9 cent.

1514 — Verre vert translucide semé de rubans. — Plateau ou scutella, de couleurs variées. Pièce remarquable. Diam. 14 cent.

1515 — Verre blanc irisé. — Petite fiole ou plateau.

1516 — Verre violet moucheté blanc. — Urne de forme sphérique, sans anse. Pièce remarquable par son volume. Diam. 16 cent.

1517 — Verre bleu irisé. — Urne de même forme que la précédente. Diam. 13 cent.

1518 — Verre vert irisé. — Urne de même forme que les précédentes. Haut. 15 cent.

1519 — Verre verdâtre irisé. — Petite urne ornée d'un cordon découpé à jour, qui serpente autour du col.

1520 — Verre verdâtre irisé. Autre semblable.

1521 — Verre verdâtre irisé. — Une autre plus petite.

1522 — Verre blanc irisé. — Amphore de forme allongée, couverte de belles irisations. Haut. 28 cent.

1523 — Verre bleu opaque. — Amphore à filets et chevrons jaunes. Haut. 8 cent.

1524 — Verre bleu opaque. — Amphore bleu foncé à zones vertes et jaunes.

1525 — Verre bleu opaque. — Amphore décorée de chevrons à plusieurs couleurs.

1526 — Verre bleu opaque. — Amphore semblable à la précédente.

1527 — Verre bleu opaque. — Amphore semblable à la précédente.

1528 — Verre bleu opaque. — Autre semblable.

1529 — Verre bleu opaque. — Autre semblable.

1530 — Verre bleu demi-opaque. — Autre semblable.

1531 — Verre bleu opaque. — Autre semblable.

1532 — Verre blanc verdâtre. — Amphore de forme globuleuse, à deux petites anses.

1533 — Verre vert transparent. — Amphore semblable à la précédente, plus petite.

1534 — Verre vert transparent. — Autre semblable.

1535 — Verre bleu opaque. — Amphore à petites anses; ornements verts et jaunes.

1536 — Verre bleu opaque. — Amphore semblable à la précédente, plus petite.

1537 — Verre bleu. — Vase, forme d'amphore, irisé.

1538 — Verre bleu irisé. — Petit cratère à deux anses. Haut. 8 cent.

1539 — Verre bleu opaque. — Vase forme cratère allongé, orné de chevrons blancs.

1540 — Verre bleu opaque. — Lécythus décoré de colonnes de palmes blanches. Haut. 18 cent.

1541 — Verre bleu opaque. — Lécythus à oreilles, avec ornements rayés horizontalement de couleur jaune et blanche. Haut. 15 cent.

1542 — Verre bleu opaque. — Autre, semblable.

1543 — Verre vert. — Lécythus couvert de belles irisations. 11 cent.

1544 — Verre transparent. — Lécythus de même forme, couvert d'irisations. 7 cent.

1545 — Verre bleu opaque. — Lécythus décoré de palmes se détachant sur un fond blanc. Haut. 8 cent.

1546 — Verre bleu opaque. — Lécythus avec ornements de couleur jaune. 8 cent.

1547 — Verre bleu opaque. — Lécythus à oreilles, décoré de raies horizontales de couleur jaune et verte Très-bien conservé. Haut. 9 cent.

1548 — Verre bleu opaque. — Lécythus avec deux oreilles, décoré de raies horizontales de couleur blanche. 15 cent.

1549 — Verre bleu opaque. — Lécythus, décors de couleur jaune et verte. 14 cent.

1550 — Verre bleu opaque et irisé. — Lécythus à oreilles avec ornements jaunes et verts. 14 cent.

1551 — Verre bleu opaque et irisé. — Un autre à peu près semblable. 13 cent.

1552 — Verre bleu opaque. — Autre lécythus orné de godrons et de palmes en couleur blanchâtre. 12 cent.

1553 — Verre bleu opaque. — Lécythus décoré de palmes de diverses couleurs. 12 cent.

1554 — Verre bleu opaque. — Autre lécythus du même genre.

1555 — Verre bleu opaque — Lécythus double, décoré de filets en relief et de très-belles irisations. 11 cent.

1556 — Verre bleu opaque. — Lécythus décoré de jaune. 9 cent.

1557 — Verre blanc. — Ampoule à large orifice; irisation opaline. 6 cent.

1558 — Verre violet. — Ampoule à base arrondie; irisation vive. Haut. 5 cent.

1559 — Verre blanc irisé. — Ampoule à col court et évasé. 4 cent.

1560 — Verre bleu translucide. — Petite ampoule à panse large et aplatie. 10 cent.

1561 — Verre bleu transparent. — Autre ampoule.

1562 —   *Id.*   très-irisé. —   *Id.*   5 cent.

1563 — Verre bleu opaque irisé. — Ampoule à grosse panse et goulot court.

1564 — Verre blanc irisé. — Bouteille à col court et large panse.

1565 — Verre blanc irisé. — Autre bouteille semblable.

1566 — Verre blanc irisé. — Autre bouteille.

1567 — Verre irisé. — Autre bouteille, forme allongée.

1568 — Verre bleu irisé. — Bouteille à large panse.

1569 — Verre blanc irisé. — Autre bouteille à col long.

1570 — Verre bleu irisé. — Autre bouteille.

1571-1572 — *Id.* — Une paire de flacons longs et étroits, à base arrondie. 11 cent.

1573 — Verre irisé. — Flacon très-étroit.

1574-1575 — Verre bleu. — Autres flacons.

1576 — Verre vert avec irisations intérieures. — Flacon carré à une seule anse. Haut. 26 cent.

1577 — Verre vert irisé. — Flacon de forme allongée, décoré de colonnettes en relief. Haut. 21 cent.

1578 — Verre blanc. — Flacon sans anse.

1579 — Verre irisé. — Flacon sans anse.

1580 — Verre violet. — Flacon irisé.

1581. — Verre vert. — Vase à parfums, col étroi, à colonnes de couleur jaune et rouge.

1582 — Verre clair irisé. — Gobelet de forme allongée. Haut. 10 cent.

1583 — Verre vert irisé. — Gobelet décoré de filets en relief.

1584 — Verre vert clair. — Gobelet à godron de forme allongée.

1585 — Verre vert opalisé. — Gobelet. L'ouverture est décorée de grosses perles en relief.

1586 — Verre incolore à bandes vertes alternées de bandes d'or. — Flacon de forme conique. Pièce d'une grande rareté. Haut. 9 cent.

1587 — Verre clair avec filets d'émail blanc dans l'intérieur de la pâte analogues aux verres de Venise. — Petit vase à une anse, couvert d'irisations. 4 cent.

1588 — Verre blanc opalisé. — Petit vase forme urne à couvercle.

1589 — Verre vert transparent. — Vase à deux anses dont la panse est formée par deux masques, l'un d'homme barbu et l'autre de femme. Haut. 8 cent.

1590 — Verre clair. — Lampadaire à une anse et couvert d'irisations. Haut. 17 cent.

OBJETS DIVERS EN PATE DE VERRE.

1591 — Verre de diverses couleurs. — Collier composé de boules en pâte de verre rouge opaque à côtes rayées de blanc et de bleu, entremêlées de cylindres en pâte de verre rouge à raies blanches; monture moderne en argent. Long. 66 cent.

1592 — Verre jaune opaque. — Collier composé de petites perles et de cinquante-six phallus. Long. 52 cent.

1593 — Verre blanc opaque. — Boule provenant d'un collier,

décorée de dix-huit petites éminences qui figurent des yeux. Diam. 8 cent.

1594 — Verre bleu. — Bâton décoré d'enroulements de couleur blanche. 9 cent.

1595 à 1655 — Verre de diverses couleurs. — Soixante et un fragments d'aspect analogue aux mosaïques. Ces fragments, qui proviennent de revêtements de murs et de petits meubles, sont intéressants pour l'étude du verre dans l'antiquité. Des rosaces, des ornements décorent la plupart d'entre eux. Sur le n° 1595 est un canard.

FRAGMENTS DE VASES EN VERRE DES PREMIERS SIÈCLES DU CHRISTIANISME,

DÉCORÉS DE FIGURES ET D'INSCRIPTIONS EN OR

1656 — Verre blanc irisé. — Fragments de vase à côtes; au fond, entre deux cercles de verre, on lit en lettre d'or l'inscription suivante :
IVNIO
SVPESTI
TIVITA
C'est le n° 158 de la vente Benquot.

1657 — Verre blanc irisé. — Autre fragment de vase; deux époux chrétiens vus de face à mi-corps; avec inscriptions.

1658 — Verre blanc irisé. — Autre fragment. Jésus-Christ représenté debout, la tête nue, vêtu d'une longue robe.

1659 — Verre bleu translucide. — Médaillon lenticulaire; buste de face d'un adolescent peint en or et abrité sous une feuille de verre transparent. Diam. 3 cent.

1660 — Verre verdâtre transparent. — Fond de vase sur lequel sont représentés deux bustes de face : à droite, un vieillard ; à gauche, un jeune homme. On lit : L. CECILIVS. M. LIBERT. Lucius Cecilius , affranchi de Marcus. Diam. 5 cent.

1661 — Verre verdâtre transparent. — Buste de face d'un jeune enfant.

1662 — Verre bleu. — Fond d'un vase, buste de face d'un homme jeune, cheveux courts, barbe naissante.

1663 — Verre bleuâtre translucide. — Bas-relief chrétien. Le poisson symbolique. 4 cent.

OBJETS D'ART

DÉSIGNATION
DES OBJETS

MOYEN AGE

SCULPTURE

1664 — Pierre argileuse. — Sculpture de haut-relief représentant un mariage entre nobles personnages; les deux époux sont agenouillés en face l'un de l'autre en costume du quatorzième siècle. Haut. 16 cent., larg. 15 cent.

ORFÉVRERIE

1665 — Or. — Bague à double chaton, l'un orné d'un saphir et l'autre d'une émeraude.

1666 — Cuivre doré. — Monstrance ou reliquaire; le cylindre en verre destiné à contenir les reliques est placé sous une coupole surmontée de clochetons dont le plus élevé supporte le Christ en croix. Les niches des deux contre-forts sont occupées par des figures de saint. Haut. 64 cent.

1667 — Argent. — Ostensoir; la coupole ou ciborium est soutenue par des contre-forts partant des clochetons; celui du centre offre la Vierge debout portant l'enfant Jésus; le pied est orné d'un écusson émaillé aux armes du donateur. Haut. 59 cent.

1668 — Cuivre doré. — Chef ou reliquaire destiné à renfermer la tête d'une sainte, probablement une reine; elle est vêtue d'un manteau de pourpre et porte la couronne royale; de longs cheveux pendent sur ses épaules; le bandeau de la couronne qui ceint son front est orné de pierreries et d'ornements gravés, ainsi que la fibule qui agrafe son manteau. Haut. 28 cent.

1669 — Argent repoussé et doré. — Chef ou reliquaire. C'est le buste d'une jeune sainte; des cheveux tressés et pendants sur les épaules; les yeux incrustés d'émaux imitant la nature; une couronne de fleurs, symbole de la pureté, ceint son front; un collier en émaux d'épargne sur argent décore son cou; au milieu du collier est un écusson armorié. Ce chef, qui paraît de travail allemand, est du quatorzième siècle. Haut. 30 cent.

1670 — Cuivre repoussé et doré. — Chef ou reliquaire. C'est encore un buste de sainte; celle-ci a la tête couverte d'un voile dont les plis descendent jusque sur le sein et se mêlent à de longues tresses de cheveux. Ce chef est richement orné de pierreries et de plaques d'émaux à ornements à champlevé. Haut. 36 cent. Ce chef provient de Cologne et aurait renfermé des reliques de sainte Marguerite.

1671 — Argent repoussé. — Reliquaire en forme de bras qui a dû renfermer le bras de saint Pantaléon, évêque et martyr ; la main est figurée dans le geste consacré à la bénédiction ; l'anneau épiscopal est passé au doigt médius et le chaton orné d'un cabochon en queue de paon ; le poignet et la manche sont couverts d'ornements en filigrane et enrichis de pierreries; une petite porte à charnières porte deux écussons sur lesquels sont des armoiries. On lit sur la manche les mots suivants : PANTALEONIS + AVE sur fond niellé. Haut. 48 cent. Ouvrage du treizième siècle.

1672 — Argent. — Reliquaire sur pied à six lobes ornés d'une galerie découpée à jour ; le cylindre, en verre, destiné à renfermer les reliques, est placé horizontalement et fermé aux extrémités par des médaillons représentant l'un saint Jean-Baptiste et l'autre saint Marc ; ce cylindre est entouré et surmonté de clochetons et contre-forts d'une architecture très-riche ; le nœud, placé au milieu de la tige, est décoré d'émaux bleus. Haut. 29 cent.

1673 — Argent doré. — Reliquaire ou baiser de paix figurant le portail d'une église gothique consacrée à saint André ; les contre-forts sont ornés de petites figures de saints. Haut. 14 cent.

1674 — Cuivre repoussé et doré. — Statuette de la Vierge debout, portant l'enfant Jésus sur son bras gauche, et tenant de la main droite un reliquaire richement orné et surmonté d'un clocheton. Ouvrage du quatorzième siècle. Haut. 32 cent.

1675 — Argent doré. — Reliquaire; buste d'évêque coiffé de la mitre. Ce buste, ciselé avec beaucoup de soin, est fixé par une charnière sur base creuse qui contenait des reliques ; cette base, qui repose sur quatre lions, est décorée de fleurons et de pierres précieuses en cabochons ; au milieu, et sur le devant, un groupe de trois figurines de haut relief représentant les rois mages à cheval. Haut. 14 cent. 1/2.

1676 — Argent doré et repoussé. — Calice ; la coupe, large et profonde, est décorée des bustes des douze apôtres, gravés à la pointe; au-dessus de chacun d'eux est gravé son nom ; le nœud du vase et le pied sont décorés de rinceaux en relief, ciselés et découpés à jour. Haut. 20 cent., diam. 15 cent.

1677 — Argent doré et repoussé. — Calice à large coupe orné, comme le précédent, des douze apôtres, gravés; le nœud ou pommeau qui décore la tige, entièrement découpé à jour, se compose de rinceaux à feuillages ; le pied est orné de quatre médaillons en relief dont les sujets sont les grandes phases de l'histoire du Sauveur. Haut. 20 cent.

1678 — Argent doré et repoussé. — Calice dont la coupe est ornée à la partie inférieure de losanges formés de feuilles et de glands ciselés et découpés à jour. Travail d'une grande délicatesse; le pommeau de la tige, d'une ornementation analogue, est de plus orné de quatre médaillons niellés, sur lesquels sont représentés les symboles des quatre évangélistes ; le pied offre aussi cinq médaillons niellés représentant des sujets de la vie du Christ. Très-beau spécimen d'orfévrerie de la fin du treizième siècle. Haut. 19 cent.

1679 — Argent repoussé et doré. — Calice dont le pied est divisé en six lobes séparés entre eux par des angles saillants ; le pommeau est orné de six têtes d'ange en relief et de fleurs ciselées en relief. Haut. 19 cent.

1679 *bis* — Cuivre rouge repoussé et doré. — Statuette de saint Jean debout vêtu d'une longue robe. Bel ouvrage du quatorzième siècle. Haut. 21 cent.

1680 — Argent doré. — Petite statuette ; la Vierge portant l'enfant Jésus. Haut. 5 cent.

1681-1682 — Argent repoussé, en partie doré. — Une paire de burettes d'autel, décorées d'imbrications ; travail au repoussé ; à la charnière du couvercle sont adaptées, sur l'une la lettre A, et sur l'autre la lettre V ; ces lettres, découpées à jour, servaient à distinguer celle qui contenait le vin de celle qui contenait l'eau. Haut. 13 cent.

1683. 1684. — Argent repoussé, en partie doré. — Autre paire de burettes ; couvercles surmontés d'une figure de Jésus-Christ debout, tenant la croix écrasant la tête du serpent ; un autre serpent ou dragon ailé forme l'anse. Haut. 18 cent.

1685 — Bronze. — Chandelier d'église, avec porte-lumignon à une seule pointe ; le pied, de forme triangulaire, repose sur trois dragons ailés reliés entre eux par des rinceaux; trois dragons décorent le porte-lumignon. Haut. 38 cent. Treizième siècle.

1686-1687 — Argent repoussé. — Une paire de flambeaux en forme de colonnes dont le chapiteau supporte un entablement hexagone au milieu duquel s'élève le porte-lumignon; la base, qui est aussi de forme hexagone, repose sur une galerie découpée à jour portée sur six lions accroupis; les chapiteaux, le milieu du fût et la base sont décorés d'ornements découpés en argent doré; des écussons armoriés et dorés sont placés sur le pied de chacun de ces flambeaux. Haut. 35 cent.

1688 — Argent repoussé et cuivre doré. — Médaillon de forme circulaire; le centre est formé d'une sorte d'emblème en argent sur lequel est fixé une rosace en cuivre découpée à jour, dans laquelle est fixé au centre un cabochon en cristal; l'entourage est formé d'une riche bordure de rinceaux à feuillages décorée de pierreries. Diam. 14 cent.

IVOIRE

1689 — Plaque provenant d'un diptyque. Deux sujets distincts y sont sculptés en relief sous des arceaux de style ogival; le supérieur représente l'Annonciation; l'autre, saint Jean-Baptiste dans le désert, tenant de la main gauche un médaillon sur lequel est figuré l'anneau divin. Pièce remarquable. Haut 24 cent., larg. 11 cent.

1690 — (Manque).

1691 — Diptyque. Sculpture de haut relief ; volet de gauche, la Vierge tenant l'enfant Jésus et deux anges ; volet de droite, le Christ en croix. Tavail du quatorzième siècle. Haut. 10 cent., larg. totale 13 cent.

1692 — Feuillet de diptyque. Sculpture de haut relief représentant l'Adoration des mages ; cette scène est placée sous trois arceaux en ogive, très-riches de sculpture. Cette belle pièce porte des traces de dorure et de peinture. Ouvrage du quatorzième siècle. Haut. 13 cent., larg. 9 cent.

1693 — Retable à quatre volets offrant en sculpture de haut relief Jésus entre deux saints, la Vierge portant l'enfant Jésus entre deux anges ; ces sujets, placés sous des ogives que supportent des colonnettes en argent doré, occupent le centre du monument ; les volets offrent des bas-reliefs représentant des saints et des anges. Cet objet capital offre des traces de peinture et de dorure. Haut. 25 cent., larg. 23 cent.

1694 — Diptyque peint et doré. Le feuillet de droite représente l'Adoration des mages ; celui de gauche, le Christ en croix. Haut. 7 cent., larg. 11 cent.

1695 — Groupe de six figures de ronde bosse représentant l'Adoration des mages ; tous ces personnages portent des couronnes en argent ornées de perles fines. Ouvrage du quinzième siècle. Haut. 15 cent.

1696 — Crosse abbatiale ou épiscopale ; la volute, sculptée à jour, offre deux sujets adossés : la Vierge couronnée debout, tenant l'enfant Jésus, et le Christ en croix entre la Vierge et saint Jean; un ange sert de support et forme le lien qui réunissait la crosse à la hampe. Travail du quinzième siècle. Haut. 16 cent.

1697 — Boîte à miroir du quatorzième siècle; le bas-relief représente, sous des arceaux à ogives, trois couples amoureux vus à mi-corps; au-dessous, trois sujets analogues; quatre dragons découpés à jour formaient les angles de cette boîte, deux ont disparu. Diam. 12 cent.

ÉMAUX DITS BYZANTINS

1698 — Grande croix processionnelle avec figures se détachant en relief sur fond bleu décoré de rosaces et d'étoiles. Haut. 59 cent. Ouvrage du treizième siècle, remarquable par sa belle conservation.

1699 — Plaque provenant de la décoration d'une croix; deux anges nimbés à mi-corps y sont représentés sur fond doré. Haut. 15 cent.

1700 — Très-beau triptyque. Le milieu divisé en deux parties distinctes: la supérieure, de forme circulaire, représente Jésus-Christ assis, tenant un livre de la main gauche, de la main droite donnant la bénédiction: la tête du Christ se détache en relief; la partie inférieure, de forme rectangulaire, représente le crucifiement, sur fond bleu avec bandes de rosaces de couleurs diverses; les cinq figures de ce sujet se détachent en relief. Sur les volets sont représentés les quatre évangélistes en relief, se détachant sur des plaques émaillées. Ce beau monument est en outre décoré de pierres gravées en creux représentant divers sujets de travail antique de diverses époques. Haut. 38 cent., larg. 51 cent. Treizième siècle. Rien n'est plus rare que des monuments complets d'une époque si reculée; celui-ci est parfaitement conservé.

1701 — Châsse ou reliquaire de forme oblongue surmonté d'un toit à deux rampants avec faîtage découpé à jour, figurant une église à deux pignons; le côté de la serrure a conservé sa clef dont le moraillon a la forme d'un serpent. Ce beau reliquaire est décoré sur toutes ses faces de médaillons renfermant des sujets de sainteté et des figures d'ange; les faces latérales sont en outre ornées de deux écussons armoriés. Haut. 20 cent.

1702 — Autre reliquaire de même forme décoré des sujets suivants : sur un des rampants, la Fuite en Égypte, au-dessous est représentée la Nativité; tous ces personnages ont les têtes saillantes et nimbées; sur chacune des faces latérales est figuré un des quatre évangélistes; les deux autres se trouvent représentés sur deux petites plaques qui décorent la galerie à jour placée au-dessus du monument; la partie postérieure du reliquaire est décorée de rosaces. Haut. 21 cent., long. 22 cent.

1703 — Plaque en cuivre doré et émaillé, offrant la figure en pied de saint Marc de ronde bosse et dorée; le saint évangéliste est assis, tenant de la main droite une boule et de la gauche son livre ; il est vêtu d'une tunique brodée de croissants ; les yeux du saint sont en pâte de verre bleu imitant le saphir ; le livre et les vêtements sont ornés d'émaux en relief imitant les pierreries ; le nom du saint est inscrit sur le fond. Haut. 29 cent., larg. 14 cent. Pièce remarquable par sa richesse et sa belle conservation.

1704 — Autre plaque provenant d'un reliquaire offrant la figure de saint Pierre en relief; il est vêtu d'une tunique et d'un manteau dont les bords sont brodés; il tient d'une main les clefs et de l'autre le livre des évangiles; la figure du saint, entièrement dorée, se détache sur un fond bleu orné de rosaces. Treizième siècle. Haut. 30 cent., larg. 16 cent.

1705 — Plaque en cuivre émaillé de forme ogivale, provenant d'un reliquaire, sur laquelle est figuré saint Jean tenant la coupe, figure de haut relief entièrement dorée; cette figure se détache sur un fond d'émaux champlevé bleu et rouge. Haut. 31 cent., larg. 17 cent.

1706 — Autre plaque de forme semblable et provenant du même reliquaire, ornée d'une figure d'apôtre de haut-relief entièrement dorée se détachant sur un fond d'émaux champlevé, offrant des écussons et des rosaces portant les fleurs de lis d'or de France en champ d'azur; les écussons sont alternativement rouges et verts; sur les rouges paraît tantôt un lion passant ou un léopard d'Angleterre; tantôt un griffon ou lion ailé; sur les verts une fleur de lis au naturel. Travail du treizième siècle. Haut. 31 cent., larg. 17 cent.

1707 — Plaque de forme rectangulaire provenant d'un reliquaire; le Christ en croix avec le nimbe crucigère, entre la Vierge et saint Jean; au pied de la croix, un mortel sortant du tombeau; dans le haut, deux anges; la figure du Christ en relief; les autres figures sont gravées avec les têtes en relief. Haut. 24 cent.

1708 — Autre plaque rectangulaire offrant le Christ assis, donnant sa bénédiction; aux quatre angles les symboles des évangélistes. Le Christ est en relief et doré. Haut. 22 cent.

1709 — Plaque provenant d'une châsse dont elle formait une face latérale; un saint évangéliste, dont la tête est en relief, y est représenté debout, la tête et les pieds nus. Haut. 25 cent., larg. 12 cent.

1710 — Plaque de forme oblongue à fond doré sur laquelle est représenté Jésus-Christ donnant la bénédiction selon le rite latin. Très-belle plaque, dont les ors et les couleurs sont parfaitement conservés.

1711 — Plaque de forme rectangulaire; saint André et saint Philippe, tous deux à mi-corps et nimbés tiennent un volume déroulé sur lequel on lit une inscription disposée perpendiculairement. Haut. 5 cent., larg. 7 cent. 1/2.

1712 — Plaque de forme ronde sur un fond émaillé, où est représenté le Crucifiement en haut-relief; saint Jean et la Vierge. Diam. 18 cent.

1713 — Chandelier de forme triangulaire avec pointe pour ficher le cierge; le nœud qui divise la tige et la bobèche sont ornés d'émaux champlevé de diverses couleurs. Haut. 25 cent.

1714 — Porte-cierge à pied carré long, décoré de quatre écussons inscrits chacun dans une rosace et chargés de symboles identiques. Haut. 12 cent., long. 16, et larg. 11 cent.

1715 — Bassin à laver muni d'un goulot ou gargouille représentant une tête de dragon doré dont les yeux sont en émail; l'intérieur est décoré d'une rosace divisée en cinq compartiments: celui du milieu offre un guerrier qui perce de son épée un animal chimérique; les autres offrent des sujets fantastiques. Diam. 22 cent.

1716 — Autre bassin à laver les mains de la même forme que le précédent, mais sans goulot; au centre, un médaillon avec écu d'azur chargé d'un animal fantastique; quatre autres médaillons complètent la décoration de ce bassin et offrent des sujets fantastiques. Diam. 22 cent.

1717 — Colonnette décorée de fleurons et de rosaces en émaux de diverses couleurs sur fond doré, chapiteau et embase en bronze doré. Haut. 18 cent.

1718 — Autre colonnette analogue à la précédente et de même fabrique. Haut. 16 cent.

1719 — Autre colonnette du treizième siècle analogue aux précédentes; celle-ci est plus grande et à fond bleu quadrillé d'émaux blancs: elle supporte la Vierge portant le n° 1680. Haut. 21 cent.

MOSAIQUES

1720 — Buste de la sainte Vierge de trois quarts; un grand voile descend sur ses épaules, et la tête est légèrement inclinée à gauche; sur fond d'or. Ouvrage des mosaïstes vénitiens du quinzième siècle. Haut. 26 cent., larg. 23 cent.

PEINTURES

1721 — Peinture à fond d'or sur panneau de bois; deux saints assis : à droite saint Laurent; à gauche un saint évêque, peut-être saint Andréa Corsini, évêque et archevêque de Florence. Quinzième siècle. Haut. 14 cent., larg. 40 cent.

1722 — Autre peinture à fond d'or sur panneau. Deux saints : saint Étienne agenouillé; en face du martyr, un saint moine assis, tenant un livre ouvert. Quinzième siècle. Haut. 14 cent., larg. 40 cent.

1723 — Feuille de manuscrit avec cadre d'ivoire sculpté.

1724 — Livre d'Heures orné de douze belles miniatures exécutées à la fin du quinzième siècle; le nom de saint Ursin est inscrit en lettres d'or au calendrier, ce qui donne lieu de croire qu'il a été exécuté pour le diocèse de Lisieux. Ce manuscrit ne laisse rien à désirer pour la conservation; il commence par une oraison à la sainte Vierge et finit par une oraison à saint Sébastien. Les miniatures représentent les douze sujets suivants :

1° La Descente de Croix ;

2° L'Annonciation ou la Salutation angélique ;

3° La Visitation ;

4° La Naissance de Jésus-Christ ;

5° L'Annonciation aux bergers ; sur la banderole que tient l'ange, on lit ces mots de l'Évangile : *Puer natus est* ;

6° L'Adoration des mages ;

7° La Présentation au temple ;

8° La Fuite en Égypte ;

9° Le Crucifiement ; la sainte Vierge et saint Jean en prières au pied de la croix ;

10° La descente du Saint-Esprit ;

11° Le Roi psalmiste ;

12° Un enterrement chrétien.

1725 — Livre d'Heures des premières années du seizième siècle. Les nombreuses miniatures qui ornent ce manuscrit sont peintes dans le même style que celles qui ornent celui des Heures d'Anne de Bretagne, auquel il est inutile d'ajouter qu'on ne le compare pas.

Ce manuscrit renferme douze grandes miniatures à pleines pages, vingt-deux moyennes et douze petites, neuf vignettes, images en devises placées au bas de chacun des mois de l'année ; de plus, chaque page est entourée d'encadrements variés à l'infini ; on lit sur la dernière feuille de vélin : « Ce livre a appartenu à la reine mère qui en a fait présent à son confesseur, et la mère du confesseur m'en a fait présent. » La signature de ce personnage a été grattée.

SCEAU

1726 — Sceau gothique en cire verte. Saint Pierre, assis sous un arceau à ogives, tient de la main droite ses clefs; au-dessus de sa tête est inscrit son nom; au revers, le buste du même saint tenant l'Évangile. Diam. 10 cent.

RENAISSANCE ET TEMPS MODERNE

SCULPTURE, COLONNES, VASES, ETC.

1727 — Marbre. — La sainte Vierge tenant l'enfant Jésus sur ses genoux, placée entre deux anges en adoration; très-belle sculpture de haut-relief, que l'on peut attribuer à Mino de Fiesole. Haut. 70 cent., larg. 50 cent.

1728 — Marbre. — La Vierge tenant l'enfant Jésus dans ses bras; elle est nimbée et voilée; très-beau bas-relief du quinzième siècle. Haut. 59 cent., larg. 41 cent.

1729 — Marbre blanc. — Saint Jean-Baptiste enfant, vu à mi-corps, de profil, avec le nimbe et la croix; très-beau bas-relief. Haut. 46 cent., larg. 29 cent.

1730 — Marbre. — Chef de saint Jean-Baptiste. Haut. 12 cent., larg. 12 cent.

1731 — Pierre lithographique. — Médaillon ; au milieu de sujets mythologiques est le portrait d'un personnage dont le nom est ainsi inscrit : CHRISTOF FVRLEGER DER ELTTER Æ 55. Le sujet qui entoure le portrait représente un triomphe maritime. Travail d'une finesse remarquable. Diam. 16 cent.

1732 — Marbre blanc. — Buste colossal d'Adrien ; la tête nue avec le paludamentum ; la tête de Méduse décore sa cuirasse. Haut. 78 cent. Très-beau travail du seizième siècle.

1733 — Marbre blanc. — Faustine, femme d'Antonin le Pieux, mère de Faustine la Jeune. Excellent travail de la fin du quinzième siècle. Haut. 43 cent.

1734 — Marbre blanc. — Buste d'enfant, la tête nue, vêtu à l'antique. Haut. 50 cent.

1735 à 1738 — Granit. — Trois colonnes de teinte rosée sur socle en marbre blanc. Haut. 2 mètres 68 cent.

1739-1740 — Granit rose. — Deux fûts de colonne cannelés. Haut. 92 cent.

1741-1742 — Granit gris. — Deux colonnes sur socle en marbre blanc, ornées de perles et de feuilles d'acanthe. Haut. 1 mètre 20 cent.

1743-1744 — Deux colonnes en granit gris, moulures en marbre blanc sculpté. Haut. 1 mètre 19 cent.

1745-1746 — Marbre brèche. — Deux colonnes. Hauteur avec la base, 117 cent.

1747 — Granit rose d'Egypte. — Fût de colonne garni en bronze. Haut. 91 cent.

1748 — Albâtre. — Fût de colonne cannelé. Haut. 1 mètre.

1749 — Granit rose oriental. — Colonne sur socle en granit gris.

1750 — Marbre vert antique. — Gaîne ornée de moulures. Haut. 1 mètre 33 cent., larg. 34 cent.

1751 — Porphyre oriental. — Guéridon dont le pied en bronze doré figure un cep de vigne autour duquel s'enroule un serpent. Diamètre du porphyre, 62 cent.; hauteur du pied, 80 cent.

1752 — Porphyre rouge oriental. — Vase de forme ovoïde, avec piédouche et couvercle; les deux anses, délicates, sont évidées et prises dans la masse. Haut. 60 cent.

1753 — Porphyre rouge oriental. — Coupe ronde à piédouche et sur piédestal de même matière. Diam. 40 cent.

1754 — Porphyre rouge oriental. — Vase de forme ovoïde à deux anses évidées et prises dans la masse. Haut. 45 cent.

1755 — Porphyre du Christ. — Coupe ronde. Diam. 33 cent.

1756 — Serpentin vert d'Égypte. — Magnifique coupe parfaitement évidée, avec piédouche et fût de colonne en même matière. Hauteur de la coupe, 14 cent., diam. 46 cent., hauteur totale, 42 cent., avec le fût de colonne, qui est garni en bronze.

1757 — Porphyre rouge oriental. — Grand et magnifique vase

de forme ovale, orné de godrons; le couvercle cannelé est orné d'un dauphin. Haut. 61 cent., diam. 60 cent. sur 43.

1758 — Granit oriental rosé. — Vase de forme semi-ovoïde; la base est décorée de godrons. Hauteur avec le piédouche, 65 cent., diamètre à l'ouverture, 40 cent.

1759 — Serpentin vert d'Égypte. — Vase forme Médicis avec piédouche et base carrée. Haut. 48 cent., diam. 38 cent.

1760 — Granit rose oriental. — Deux vases forme Médicis, avec piédouche. Haut. 34 cent., diam. 23 cent.

1761 — Porphyre rouge oriental. — Deux vases forme Médicis, avec piédouche. Haut. 31 cent., diam. 23 cent.

1762 — Porphyre noir et blanc antique. — Très-beau vase de forme ovoïde, à col court, avec couvercle; les deux anses sont évidées et prises dans la masse. Haut. 46 cent.

1763 — Serpentin vert d'Égypte. — Deux coupes rondes. Haut. 15 cent., diam. 25 cent.

1764 — Porphyre rouge oriental. — Paire de vases forme Médicis, allongée. Haut. 20 cent.

1765 — Même matière. — Autre paire de vases forme Médicis. Haut. 18 cent.

CAMÉES

1766 — Sardonyx à deux couches. — Grand camée représentant un combat de trois guerriers armés de lances et de boucliers ; encadrement en or émaillé. Diam. 45 cent. sur 48.

1767 — Sardonyx à trois couches. — Buste conjugué ; l'homme est barbu, lauré et costumé à l'antique ; on ne distingue que le profil de la femme, très-beau travail et belle matière ; ce beau camée décore le dessus d'une boîte de forme octogone, en argent doré, finement gravé.

1768 — Agate onyx, à deux couches. — Buste d'une vestale voilée. Bague. Haut. 43 millim., larg. 30 millim.

1769 — Calcédoine à deux couches. — Faustine jeune ; buste de profil. Bague.

1770 — Agate à deux couches. — Buste d'un jeune homme vêtu à l'antique. Haut. 33 millim., larg. 23 millim.; monté en or.

1771 — Calcédoine à trois couches. — Guerrier barbu, nu, marchant le bouclier au bras et la hache à la main. Monté en or. Haut. 26 millim., larg. 13 millim.

1772 — Jaspe sanguin. — Buste de profil de Jésus-Christ couronné d'épines. Haut. 45 millim., larg. 35 millim. Ce camée est enchâssé dans un médaillon en calcédoine.

1773 — Calcédoine blanche à deux couches. — La sainte

Vierge debout, couronnée, tenant dans ses bras l'enfant Jésus. Travail du seizième siècle. Haut. 43 millim.

1774 — Agate à deux couches. — Le camée représente la nymphe Amalthée nourrissant Jupiter enfant. Signé Morelli. Diam. 58 millim. sur 48 millim.

1775 — Coquille. — Satyre debout jouant d'une sorte de flûte; une nymphe entièrement nue, à demi couchée, tient un jeune enfant qui semble écouter la musique du satyre. Cadre en cuivre doré.

1776 — Coquille. — Un jeune chasseur offre un trophée formé de têtes de sangliers, de taureaux et de lions, à une jeune nymphe devant laquelle il fléchit le genou.

1777 — Sardonyx à trois couches. — Camée représentant le sujet de Mutius Scævola. Bague.

1778 — Sardonyx à deux couches. — Curtius, armé et à cheval, se précipitant dans le gouffre. Très-beau camée du seizième siècle, en or émaillé. Haut. 35 millim., larg. 25 millim.

1779 — Agate à deux couches. — Buste d'une jeune femme, par Rega, dont on lit la signature dans le champ. Haut. 30 millim.

INTAILLES

1780 — Sardonyx à plusieurs couches. — Intaille; Jupiter assis sur un trône, ayant à sa droite Minerve; à sa gauche, Mercure; autour, les douze signes du zodiaque;

le ciel est porté par Atlas, dont on ne voit que le buste. Cette intaille est remarquable par sa dimension et la beauté de la matière. Monture or émaillé. Diam. 51 millim.

1781 — Calcédoine blanche. — Intaille; l'Enlèvement d'Europe. Haut. 20 millim., larg. 25 millim.

1782 — Cornaline. — Intaille; Mars debout, armé d'un casque et d'un bouclier. Haut. 15 millim., larg. 10 cent.

1783 — Cornaline hexagone. — Intaille; Hébé debout, vêtue d'une longue robe, tenant d'une main l'œnochoé, et de l'autre la phiale. Haut. 20 millim., larg. 10 millim.

1784 — Pâte de verre rouge imitant une cornaline. — Intaille représentant une bacchanale; répétition de la pierre connue sous le nom de cachet de Michel-Ange. Bague.

1785 — Cornaline. — Intaille; espèce de cylindre; enfants sur les deux faces opposées, une bacchante dansant avec des guirlandes; monture à cachet d'or.

1786 — Cornaline. — Scarabée avec intaille; satyre marchant, appuyé sur un bâton.

1787 — Agate rubanée. — Intaille; buste de profil de Jules César, couronné de lauriers. Bague.

1788 — Émeraude. — Intaille; buste de profil d'Adrien, avec couronne radiée. Bague. Très-beau travail.

VASES ET COUPES EN MATIÈRES PRÉCIEUSES

1789 — Cristal de roche. — Très-belle coupe gravée; le bord est orné de trois mascarons en creux, au milieu d'arabesques de la plus grande élégance et du travail le plus fini; la coupe est godronnée, le piédouche évidé et pris dans la même masse que la coupe. Travail exquis et de la meilleure époque du seizième siècle; objet précieux et de la plus grande rareté. Haut. 8 cent., diam. 11 cent.

1790 — Cristal de roche. — Coupe ronde ornée de godrons et d'arabesques gravés en creux, garni d'un cercle et d'une rosace à cul-de-lampe en or émaillé; deux tiges noueuses en bronze doré lui servent de support; le socle, en cristal, est orné d'une Chimère en même matière. Hauteur totale, 17 cent.

1791 — Cristal de roche. — Grand vase à couvercle orné de godrons; très-belle monture à deux anses ornées de bustes d'enfants en argent doré. Cette pièce est remarquable par la beauté de la matière et par son volume. Haut. 22 cent., diam. 11 cent.

1792 — Cristal de roche. — Très-beau flacon orné de cannelures et d'ornements d'un travail très-fin, élégamment monté en or émaillé. Hauteur avec le couvercle, 15 cent.

1793 — Lapis lazuli. — Beau vase à deux anses, entièrement évidé; le pied, en argent doré et ciselé, est de travail italien du seizième siècle. Haut. 20 cent.

1794 — Lapis lazuli. — Coupe ronde; au fond, dans une légère cavité, un lion en relief marchant. Travail italien du seizième siècle. Haut. 3 cent., diam. 10 cent. et demi.

1795 — Agate mousseuse verte de l'Inde. — Coupe de forme ovale à piédouche. Haut. 6 cent., diam. 16 cent. sur 10 cent. Cette matière est très-rare dans ce grand volume.

1796 — Émeraude. — Oiseau à tête humaine avec longue moustache; figurine de ronde bosse, garnie en or. Haut. 15 millim.

ORFÉVRERIE

1797 — Or. — Crucifix; la croix, en bois d'ébène, est ornée de filets d'or incrustés, portée sur un piédestal d'un dessin élégant, au milieu duquel est encastré un bas-relief en or représentant une *Pièta* ou Descente de croix; le Christ en or. Travail repoussé, très-remarquable, attribué à Caradossofoppo, l'orfèvre graveur de médailles. Hauteur du Christ, 20 cent., hauteur totale, 57 cent.

1798 — Argent doré et cristal de roche. — Reliquaire surmonté d'une croix en cristal de roche dont les extrémités sont fleuronnées; au centre de la croix, une plaque ronde émaillée, de basse taille, sur argent, représente le Christ sur les genoux de la Vierge, et de l'autre le Christ tenant les instruments de la passion.

La base ou reliquaire, portée par quatre statuettes en argent, représentant des saints évêques, offre quatre ouvertures garnies de plaques en cristal de roche. Hauteur totale du monument, 56 cent.

1799 — Argent doré. — Reliquaire ayant subi des restaurations en cuivre, supporté par une espèce de candélabre orné de rinceaux et de feuillages, enrichi de pierreries et surmonté d'une tête de séraphin ; le piédestal est orné de feuillages découpés à jour et de quatre plaques en émail cloisonné. Haut. 35 cent.

1800 — Or. — Reliquaire en cristal de roche, renfermant deux sujets sacrés en bois, adossés l'un à l'autre : la sainte Vierge debout sur un croissant, et un Calvaire. La monture est en or, avec deux pendants en perles fines. Haut. 30 millim.

1801 — Or. — Autre reliquaire semblable, renfermant une sculpture en bois offrant d'un côté le Calvaire et de l'autre la Résurrection.

1802 — Or. — Autre reliquaire semblable ; le sujet, en bois, représente l'Adoration des mages.

1803 — Or émaillé. — Reliquaire du genre des précédents, renfermant un Calvaire en bois sculpté avec des figures de ronde bosse ; ce reliquaire, enrichi de pierreries, est suspendu à une chaîne en or.

1804 — Or émaillé. — Reliquaire de forme cylindrique, en agate veinée ; les extrémités sont ornées de bas-reliefs représentant sur l'un Moïse tenant les Tables de la loi, sur l'autre Jésus-Christ donnant sa bénédiction. Très-beau travail du seizième siècle. Haut. 40 millim., larg. 25 millim.

1805 — Or émaillé. — Médaillon ovale avec plaque en crista de roche ouvrant; à l'intérieur deux sujets en haut relief, le Christ en croix et la Résurrection. On lit des légendes autour des sujets. Haut. 3 cent.

1806 — Or émaillé. — Cylindre en cristal de roche renfermant une statuette de la Vierge portant l'enfant Jésus, en or émaillé; la monture en or est enrichie de rubis. Très-bel ouvrage du seizième siècle. Haut. 45 millim.

1807 — Or émaillé. — La Mise au tombeau; petit bas-relief découpé. Haut. 12 millim., larg. 18 cent.

1808 — Or émaillé. — Tête de saint Jean dans un bassin en cornaline; la monture, en or émaillé, est ornée de pendants en perles fines. Diam. 25 millim.

1809-1810 — Étain? — Bassin avec aiguière de François Briot, richement orné d'arabesques en relief avec médaillons à figures allégoriques représentant les quatre éléments et d'autres allégories aux sciences et aux arts; l'aiguière, d'un décor analogue, offre dans les médaillons des figures représentant les trois Vertus théologales. Au revers du plat se trouve le portrait de l'artiste.

1811 — Argent doré. — Canette à bière; très-beau travail au repoussé offrant trois médaillons représentant l'Adoration des mages, l'Adoration des bergers et l'Annonciation; l'autre est ornée d'une tête de chérubin. Très-beau travail du seizième siècle, que l'on peut attribuer à l'un des meilleurs orfèvres de Nuremberg. Haut. 18 cent.

1812 — Argent repoussé. — Médaillon en argent fait au repoussé. Horatius Coclès défendant seul le pont Sublicius. Très-beau travail du seizième siècle. Diam. 18 cent.

1813 — Argent repoussé. — Bas-relief représentant les forges de Vulcain ; Vénus est couchée sur un lit somptueux ; Vulcain, à ses côtés, forge un arc pour l'Amour. Diam. 7 cent. sur 8.

1814 — Argent repoussé. — Prix d'arbalète. Ce curieux objet consiste en une sorte de cartouche décoré de rinceaux sur lequel sont fixées deux statuettes de ronde bosse, représentant, l'une la Vierge et l'enfant Jésus ; l'autre, un saint guerrier armé d'un poignard, d'une lance et d'un bouclier ; son nom est inscrit sur une banderole placée au-dessus de sa tête. Travail du seizième siècle. Haut. 30 cent.

BIJOUX

1815 — Or. — Cœur ouvrant, en filigrane d'or ; une plaque en cristal de roche, taillée à facettes, laisse voir le buste d'une reine en or, se détachant sur un fond rouge. Haut. 12 millim.

1816 — Or émaillé. — Pendant de ceinture, magnifique joyau de forme ovoïde, découpé à jour, offrant des ornements d'arabesques du meilleur style cantonné de consoles à cariatides et de pendants en perles fines. Pièce de la plus grande richesse et de la plus grande rareté parmi les bijoux de la renaissance italienne du seizième siècle, et qui peut être attribuée à Benvenuto Cellini.

1817 — Or émaillé. — Pendant d'oreilles formé d'un triton tenant une palme, dont la queue est enrichie de diamants. Haut. 25 millim.

1818-1819 — Argent. — Cuiller et fourchette ornées de mascarons. Très-beau style du seizième siècle. Long. 16 cent.

1820 — Argent et bois. — Cuiller dont le manche en argent se termine par un torse d'homme barbu. Long. 15 cent.

1821 — Or. — Petit couteau de toilette; une perle fine orne le haut du manche. Haut. 7 cent.

1822 — Or émaillé. — Bague dont l'anneau, fort large, est formé de filigrane enrichi d'émaux et de quatre petits anneaux mobiles; le chaton, ouvrant en forme de maison, a les deux rampants et les lucarnes couverts d'imbrications en émail vert, et servait probablement à renfermer des parfums. Cette bague est un anneau de mariage israélite en Allemagne.

1823 — Or émaillé. — Autre bague du même style et d'un décor analogue. Celle-ci porte une inscription hébraïque gravée à l'intérieur de l'anneau.

1824 — Or émaillé. — Bague d'alliance formée de deux anneaux se réunissant en un seul; un chaton est orné d'un rubis et l'autre d'une émeraude; on lit une inscription en lettres émaillées à l'intérieur de la bague. Seizième siècle.

1825 — Or émaillé. — Bague dont le chaton offre un livre ouvert; d'un côté une tête d'ange et de l'autre une tête de mort avec un sablier; à l'intérieur une inscription émaillée.

1826 — Or émaillé. — Bague d'un très-beau style; le chaton renferme deux écussons conjugués; l'un porte le monogramme du Christ, et l'autre une armoirie. Seizième siècle.

1827 — Or émaillé. — Bague à chaton ouvrant, enrichie d'un rubis et de cinq brillants; l'intérieur renferme une boussole. Bague d'un très-beau style. Seizième siècle.

1828 — Or émaillé. — Bague d'une ornementation très-riche; le chaton est orné d'un rubis.

1829 — Or émaillé. — Très-belle bague dont le large chaton est orné d'un saphir.

1830 — Or émaillé. — Bague dont le chaton est orné d'un diamant octaèdre.

1831 — Or émaillé. — Bague dont le chaton est orné d'une émeraude.

1832 — Or. — Bague dont le chaton est orné d'une sardonyx à trois couches figurant un mufle de lion, enrichie de rubis.

1833 — Or émaillé. — Petite bague dont le chaton est orné d'une perle fine.

1834 — Or. — Anneau formé de losanges dont chacun est garni d'une perle fine.

1835 — Or émaillé. — Bague dont le chaton est orné de trois diamants tables.

1836 — Or. — Bague ciselée à feuillages; le chaton est orné d'une améthyste.

1837 — Or. — Croix pastorale d'évêque formée d'un grand nombre d'améthystes, montée artistement et suspendue à une chaîne d'or. Haut. 75 millim.

1838 — Argent doré et émaillé. — Deux flacons ornés d'émaux et de turquoises.

1839 — Or émaillé. — Souvenir en forme de livre, portant cette inscription : *Souvenir d'amitié*.

IVOIRES SCULPTÉS

1840 — Grande statuette; la Vierge portant l'enfant Jésus dans ses bras. Ouvrage du seizième siècle.

1841 — Ivoire. — Jésus s'élevant vers les cieux; figurine d'applique pleine d'expression et d'une grande finesse d'exécution. Haut. 18 cent.

1842 — Ivoire. — Statuette représentant saint Pierrre, tenant d'une main un livre et de l'autre la clef du paradis. Haut. 14 cent. 1/2.

1843 — Ivoire. — Autre statuette; saint Paul, tenant d'une main un livre et de l'autre son épée. Haut. 14 cent. 1/2. Cette statuette est le pendant de la précédente.

1844 — Ivoire. — Canette à bière richement montée en argent doré; la panse offre une bacchanale composée de nombreuses figures d'une rare beauté d'exécution; le couvercle est formé par un groupe d'enfants. Haut. 22 cent.

1845 — Ivoire. — Bas-relief provenant d'un coffret : Glaucus et la nymphe Scylla. Haut. 10 cent., larg. 23 cent.

1846 — Ivoire. — Cippe monté en bronze doré, offrant en bas-relief Neptune au milieu des flots, un trident à la main, recevant des tributs de diverses nations. Haut. 24 cent.

1847 — Ivoire. — Statuette représentant un cacique ou roi caraïbe, la tête ceinte d'une couronne; sa ceinture, son collier et les épaulières sont formés de plumes; il est chaussé de sandales et le pied posé sur un poisson. Très-beau travail de la fin du seizième siècle. Haut. 30 cent.

1848 — Ivoire. — Gourde chargée de sculptures en bas-relief, représentant d'un côté le Christ en croix entre les deux larrons; au revers, la Descente de croix. Ces deux sujets sont composés d'un grand nombre de figures; deux chimères forment les anses de la gourde, auxquelles se rattache une chaîne formée de trente maillons sculptés et pris dans la même masse d'ivoire que la gourde. Pièce remarquable par son volume. Travail du milieu du seizième siècle. Haut. 25 cent.

1849 — Ivoire. — Calice monté en argent doré; le pourtour est orné d'un bas-relief représentant le Jugement de

Pâris et plusieurs autres personnages mythologiques; le balustre, l'embase du pied et le couvercle sont formés de groupes d'enfants dans le style François Flamand. Haut. 33 cent.

1850 — Ivoire. — Chapelet composé d'un dizain et de trois gros grains; celui du haut, de forme aplatie, offre d'un côté la Vierge et de l'autre saint Jean ; les deux autres gros grains, de forme triangulaire, présentent sur l'un des arcades de style renaissance sous lesquelles sont représentés le buste du pape et ceux de l'empereur et du roi, c'est-à-dire, les trois grandes puissances de la terre; le dernier gros grain placé à l'extrémité inférieure, présente trois têtes réunies : une jeune fille, un homme d'âge mûr couronné de lauriers, et une tête de mort; les grains du dizain de forme triangulaire offrent sur chaque face un buste en relief représentant divers personnages des deux sexes. Pièce des plus remarquable et d'un très-beau travail du seizième siècle.

1851 — Ivoire. — Poire d'amorce en forme de gourde, décorée d'un sujet mythologique. Très-belle sculpture du seizième siècle. Haut. 9 cent.

1852-1853 — Ivoire. — Couteau et fourchette dont les manches sont formés par des groupes d'enfants tenant des fruits. Très-bel ouvrage dans le style de François Flamand. Long. 19 cent.

1854 — Ivoire. — Peigne ; des arabesques et trois bustes d'homme et de femme, sculptés et découpés à jour, composent la décoration de ce beau peigne. Haut. 10 cent., larg. 15 cent.

— 154 —

1857 — Ivoire. — Statuette; la Vierge debout sur le croissant, tenant l'enfant Jésus dans ses bras. Ouvrage du dix-septième siècle. Haut. 15 cent.

1858 — Ivoire. — Saint revêtu d'un froc, représenté à mi-corps. Haut. 11 cent.

1859 — Ivoire. — Le tireur d'épines; jeune homme assis tirant une épine de son pied; ses traits expriment la douleur. Travail italien du seizième siècle. Haut. 16 cent.

1860 — Ivoire. — Groupe de deux enfants nus, assis sur un rocher. Haut. 12 cent. 1/2.

1861-1862 — Ivoire. — Deux statuettes d'enfant dansant, jouant l'un des castagnettes et l'autre du tambourin. Excellent travail du seizième siècle. Haut. 13 cent. 1/2.

1863 — Ivoire. — Cippe décoré d'un bas-relief; sujet de bacchanale d'enfants jouant avec un bouc. Monture en bronze doré. Haut. 8 cent. 1/2.

1864 — Ivoire. — Autre cippe, sculpture de haut relief; bacchanale d'enfants. Monture en bronze doré.

1865 — Cippe orné d'un bas-relief; jeux d'enfants. Très-beau travail dans le style de François Flamand. Haut. 8 cent.

1866-1867 — Ivoire. — Deux petits bas-reliefs de forme rectangulaire, représentant de jeunes génies des mathématiques et de la musique. Haut. 7 cent., larg. 6 cent.

1868 — Ivoire. — Boîte à thé formée de quatre bas-reliefs, représentant le Grand Turc porté sur une litière par quatre esclaves; une salle de festin richement décorée. Les deux autres bas-reliefs représentent des sujets analogues. Haut. 15 cent.

1869 — Ivoire. — Statuette de baigneuse, d'après Falconnet. Haut. 16 cent.

BRONZES FLORENTINS ET AUTRES

1870 — Bronze italien du seizième siècle. — Guerrier vainqueur, debout, barbu et nu, une peau de lion jetée sur l'épaule gauche, tenant d'une main une statuette de la Victoire et de la main droite son épée; une cuirasse est à ses pieds. Belle copie réduite de la statue antique en marbre qui appartenait au marquis Vérospi. On peut voir une figure de cette statue dans l'ouvrage de Braxi. Haut. 35 cent.

1871 — Bronze italien du seizième siècle. — Mercure assis, coiffé du pétase ailé, avec la chlamyde sur l'épaule et les ailerons aux pieds. Haut. 31 cent.

On trouve une représentation de cette figure dans l'*Antiquité expliquée* de Montfaucon, Supplément, tome I, p. 96.

1872 — Bronze italien du seizième siècle. — Mercure debout la chlamyde sur l'épaule et la bourse à la main gauche. Haut. 32 cent.

1873 — Bronze. — La Vénus de Médicis, jolie statuette réduite d'après l'antique, au dix-septième siècle. Haut. 34 cent.

1874 — Bronze florentin du seizième siècle. — Apollon ou l'Apolline; belle réduction de cette célèbre statue qui orne la tribune de la galerie de Florence. Haut. 25 cent.

1875 — Bronze florentin du seizième siècle. — Bacchus debout, couronné de lierre. Haut. 23 cent.

1876 — Bronze florentin du seizième siècle. — Faune dansant entièrement nu, le front muni de deux petites cornes. Haut. 29 cent.

1877 — Bronze florentin d'une fonte très-légère. — Antinoüs ou jeune athlète assis, dont les bras et les jambes manquent. Haut. 17 cent.

1878 — Bronze florentin du seizième siècle. — Statuette de Cléopâtre tenant l'aspic de la main droite. Haut. 30 cent.

1879 — Bronze italien du seizième siècle. — Deux lutteurs. Excellente réduction du célèbre groupe du musée de Florence. Haut. 33 cent., larg. 38 cent.

1880 — Bronze florentin du seizième siècle. — Groupe; deux lutteurs entièrement nus. Haut. 23 cent.

1881 — Bronze italien du seizième siècle. — Statuette d'homme entièrement nu et barbu, tenant de la main droite une épée dont il ne reste que la poignée. Haut. 39 cent.

1882 — Bronze du dix-septième siècle. — Négrillon nu, portant un flambeau. Haut. 15 cent.

1883-1884 — Bronze. — Deux petites figurines représentant, l'une un adolescent ithyphallique debout, à demi enveloppé d'un manteau à capuchon; l'autre, un homme barbu à face de satyre. Haut. 7 cent.

Ces deux figures sont placées sur des colonnettes en jaspe fleuri, avec bases et chapiteaux corinthiens en cuivre doré.

1885 — Bronze florentin du seizième siècle. — Groupe représentant Sylène ivre couronné de lierre, soutenu par un jeune satyre et par une jeune bacchante. Ouvrage remarquable.

1886 — Bronze florentin du seizième siècle. — Figure de faune agenouillé, qui a dû servir de lampe, posée sur une griffe d'oiseau.

1887 — Bronze italien du seizième siècle. — Mars imberbe et casqué, avec cuirasse à la romaine. Haut. 18 cent.

1888 — Bronze italien. — Centaure enlevant une jeune fille. Haut. 22 cent.

1889 — Bronze florentin du seizième siècle. — Taureau en marche. Belle conservation et excellent style. Haut. 23 cent.

1890 — Bronze italien. — Loup couché et endormi. Haut. 7 cent., long. 15 cent.

1891 — Bronze italien du seizième siècle. — Le Christ à la colonne. Bel ouvrage attribué à Alphonso Lombardi, de Ferrare. Haut. 17 cent.

— 158 —

1892-1893 — Bronze italien du seizième siècle. — Vénus et Adonis. Ces deux figures, qui se font pendant, décorent des chenets supportés par d'élégants piédestaux formés de dauphins, de figures de génies et de têtes de séraphins. Haut. 82 cent. Pièce très-remarquable et d'un excellent style.

1894-1895 — Bronze italien du seizième siècle. — Autre magnifique paire de chenets du même style surmontée des figures de Jupiter et de Junon. Haut. 80 cent.

1896 — Bronze florentin du seizième siècle. — Groupe d'une faunesse et d'un faunisque formant la décoration d'une écritoire; la faunesse est assise et pose la main gauche sur l'épaule du jeune faune. Haut. 20 cent.

1897 — Bronze doré. — Vénus debout, diadémée, entièrement nue. Haut. 19 cent.

1898 — Bronze florentin. — Vénus Callipyge, charmante petite statuette; réduction de la célèbre statue antique du musée Borbonica, de Naples. Haut. 13 cent.

1899 — Bronze italien. — Atalante en course, vêtue d'une robe courte. Haut. 12 cent.

1900 — Bronze florentin. — Diane chasseresse, le carquois sur l'épaule et dans le geste de tirer de l'arc; à ses pieds un chien. Haut. 24 cent.

1901 — Bronze. — Victoire ailée. Haut. 25 cent.

1902-1903 — Bronze ancien. — Jeune homme debout, en habit militaire; une jeune bourgeoise, un panier au bras. Ces deux statuettes font pendant. Haut. de chacune 21 cent.

1904 — Bronze ancien. — Cheval debout, au repos; style flamand. Haut. 14 cent.

1905-1906 — Bronzes anciens. — Buste d'Apollon et buste de Diane. Haut. 32 cent.

1907 — Bronze ancien. — Buste de Bacchus jeune, couronné de lierre. Haut. 12 cent.

1908-1909 — Bronzes anciens. — Les bustes de César et d'Auguste, couronnés de lauriers. Haut. 22 cent.

1910-1911 — Bronze ancien. — Deux bustes de femme couronnées de fleurs et de feuilles. Haut. 26 cent.

1912 — Bronze ancien. — Buste d'enfant, les cheveux bouclés, sur socle en serpentine. Haut. 57 cent.

1913 — Buste de Mercure coiffé du pétase ailé. Haut. 32 cent.

1914 à 1919 — Bronze italien du seizième siècle. — Six bas-reliefs représentant des sujets de la vie de Notre-Seigneur Jésus-Christ; ils sont incrustés dans un grand bureau en bois d'ébène dont ils forment la décoration. Haut. de chaque bas-relief 28 cent. sur 39 de largeur.

1925 — Argent doré. — Médaillon de forme circulaire représentant un sujet allégorique emprunté à un poëme ou à quelque roman de chevalerie. Bas-relief repoussé, d'un très-beau travail. Diam. 16 cent.

1928-1929 — Bronze italien du seizième siècle. — Une paire de flambeaux à pieds circulaires, couverts d'arabesques et d'inscrutations en argent.

1930 — Bronze incrusté d'argent. — Boîte à couvercle chargée d'arabesques damasquinés en argent. Ouvrage vénitien du seizième siècle. Haut. 7 cent., diam. 13 cent.

1931-1932 — Bronze doré. — Burette dont le bec représente une tête de lion ; l'anse, d'une grande élégance, se rattache à la panse par un mascaron ailé. Seizième siècle. Haut. 18 cent.

1933 — Bronze italien. — Bénitier formé par une tête de Christ couronné d'épines. Haut. 9 cent.

1934 — Cuivre repoussé. — Bassin à ombilic sur lequel est un écusson aux armes du possesseur ; on lit autour de l'écusson : Martin Carlo, 1570. Diam. 50 cent.

1935 — Cuivre repoussé. — Plat à ombilic autour duquel est gravée en léger relief une légende en caractères gothiques. Diam. 45 cent.

1936 — Cuivre repoussé. — Bassin en cuivre décoré d'oves et d'une rosace avec inscription.

1937 — Cuivre repoussé. — Plateau sur lequel sont représentés deux Hébreux portant la grappe de Chanaan. Diam. 24 cent.

1938-1939 — Bronze ancien. — Une paire de vases à deux anses dont les pieds sont chargés d'ornements en relief d'un très-beau style ; les bas-reliefs qui décorent la panse représentent sur l'un Amphitrite et sa suite ; l'autre un sujet dont le principal personnage est Hellé traversant l'Hellespont sur le bélier. — Ces magnifiques vases doivent être comptés comme une des plus belles productions de ce genre de la belle époque du dix-septième siècle. Haut. 44 cent., diam. 27 cent.

1940-1941 — Bronze ancien. — Paire de vases décorés de bas-reliefs représentant des enfants, un bouc, et d'autres enfants mangeant des raisins ; des têtes de bélier forment les anses. Haut. 19 cent.

1942-1943 — Bronze italien du seizième siècle. — Paire de flambeaux à pieds circulaires richement décorés d'ornements et de mascarons.

1944 — Bronze italien du seizième siècle. — Poignée de porte formée par une sirène les cheveux épars et se terminant en queue de poisson. Haut. 24 cent.

1945 — Bronze italien du seizième siècle. — Autre poignée de porte du même genre.

1946-1947 — Bronze italien du seizième siècle. — Deux marteaux de porte formés par des têtes de lion. Haut. 19 cent.

1948 — Bronze italien du seizième siècle. — Coupe dorée à l'intérieur, supportée par trois pieds en forme de triton ailé.

1949 — Bronze italien du seizième siècle. — Écritoire dont la coupe est posée sur une guirlande et supportée par trois génies d'enfants assis sur des dauphins. Haut. 8 cent.

1950 — Bronze. — Poids de forme ronde avec armoirie.

1851 — Bronze. — Un dé à dix-huit faces numérotées en chiffres romains.

1952 — Bronze. — Encensoir en cuivre jaune.

1953 — Bronze. — Œnochoé à ouverture en trèfle. Haut. 27 cent.

MÉDAILLES DE LA RENAISSANCE

1954 — Bronze. — Lionel d'Este, duc de Ferarre; buste de profil. OPUS PISANI PICTORIS. Diam 10 cent.

1955 — Bronze. — Cécile de Gonzaga. Buste de profil; au revers, une jeune fille à demi nue assise sur un rocher. Même artiste. Diam. 8 cent.

1956 — Bronze Jeanne Albizzi, femme de Laurent Tornabuoni. Buste de profil; au revers, un groupe de trois femmes nues. Très-bel exemplaire.

1957 — Bronze. — Beau buste de femme inconnue, de profil. Diam. 6 cent.

1958 — Bronze. — Médaillon; combat entre deux guerriers. Quinzième siècle.

1959 — Bronze. Jacoba de Correggio; buste de profil d'une jeune femme coiffée d'une résille; au revers, l'Amour enchaîné à un arbre. Diam. 5 cent.

1960 — Bronze. — Jérôme Cornaso et sa femme; au revers, buste de profil d'une femme. Diam. 5 cent.

1961 — Bronze. — Altobelli Averoldo. Buste de profil, coiffé d'un bonnet; au revers, deux hommes nus s'efforcent de voiler la Vérité. Diam. 9 cent.

1962 — Bronze. — Aurelio d'all'Acqua. Buste de profil, la tête nue; au revers, la Justice assise. Ouvrage de Jules della Torre.

1963 — Bronze. — Hippolyte de Gonzague. Buste de profil d'une jeune fille; à l'exergue Jacques de Trezzo; au revers, l'Aurore dans un char traîné par un cheval ailé. Diam. 7 cent.

1964 — Bronze. — Faustine la jeune avec Antonin et Faustine, ses père et mère, au revers. Diam. 11 cent.

1965 — Bronze. — Louis XII et Anne de Bretagne; au revers, Anne de Bretagne représentée de profil.

1966 — Bronze. — Médaillon sans revers, Catherine de Médicis, reine de France. Diam. 17 cent.

1967 — Argent. — Henri IV et Marie de Médicis, bustes conjugués, de profil, du roi et de la reine; revers, le roi en Mars. Diam. 67 millim.

1968 — Bronze. — Médaillon représentant le même sujet que le précédent. Diam. 19 cent.

1969. — Bronze. — Médaillon coulé et ciselé sans revers, Henri IV, buste de profil. Diam. 12 cent.

1970 — Bronze. - Médaillon de Pierre Jannin, le fidèle ministre des rois Henri IV et Louis XIII. Diam. 18 cent.

1971 — Bronze. — Marc-Antoine Memmo, doge de Venise, par Dupré, 1612. Diam. 9 cent. Exemplaire remarquable.

1972 — Bronze. — Jean Warin, le célèbre graveur en médailles, sa femme et sa fille, tous trois représentés en buste de profil. Daté de 1648 et signé. Médaillon ovale; 9 cent. sur 13 de diam.

1973 — Argent. — Philippe IV, roi d'Espagne. Buste de profil ; au bas, le monogramme de l'artiste.

1974 — Argent. — Buste de profil. Marguerite de Calslagen, femme de Joachim Polita. Diam. 6 cent.

1975 — Argent. — Erasme. Buste de profil. Diam. 10 cent.

1976 — Argent. — Adolphe de Bourgogne seigneur de Beures. Buste de profil. Diam. 5 cent.

1977 — Argent. — Henri de Bréderode, chef des Gueux de Belgique en 1566. Buste de trois quarts. Diam. 8 cent.

1978 — Argent. — Médaille ovale des Gueux de Belgique, avec encadrement et une bellière ; d'un côté le buste de profil de Philippe II, roi d'Espagne; revers, deux gentilshommes de la ligue des Gueux. Diam. 8 cent.

1979 — Argent. — Le comte de Leicester. Buste de trois quarts coiffé à plumes. Diam. 5 cent.

1980 — Argent. — Guillaume Ier d'Orange et quatre illustres amiraux hollandais. Buste de face en haut-relief.

1981 — Argent. — Frédéric-Henri, comte de Nassau, prince d'Orange, et sa femme, Amélie de Solms. Deux médaillons destinés à être réunis en une seule médaille.

1982 — Argent. — Médaillon ovale. Buste de face d'un personnage illustre. Diam. 11 cent. sur 9 cent.

ÉMAUX

1983-1984 — Émail de Limoges. — Belle paire de salières, à peinture grisaille teintée rehaussée d'or, représentant des sujets de chasse; les cavités destinées à recevoir le sel sont ornées de bustes avec entourages d'arabesques; par Pierre Raymond. Haut. 11 cent., diam. 8 cent.

1985-1986 — Émail de Limoges. — Deux assiettes à peinture grisaille teintée; les bords sont décorés d'arabesques et de figures, et les fonds de sujets mythologiques; les revers sont également décorés d'arabesques en grisaille avec écusson armorié au centre. Attribué à P. Raymond. Diam. 20 cent.

1987 — Émail de Limoges. — Salière avec peintures en grisaille; dans le fond un buste de femme, sur les bords des cartouches avec enfants; le tour est orné de sujets de chasse au lion. Cette belle salière porte au revers le monogramme de Pierre Raymond. Haut. 8 cent., diam. 13 cent.

1988 — Émail de Limoges. — Autre très-belle salière peinte en grisaille teintée; dans le fond un buste de femme de profil, le bord est orné de fruits et mascarons à mufles de lions; le pourtour est décoré d'un sujet représentant un combat d'hommes armés de massues. Haut. 9 cent., diam. 12 cent.

1989 — Émail de Limoges. — Médaillon rond un peu convexe; peinture grisaille représentant un combat de cavaliers vêtus à l'antique ; au bas la marque de Pierre Raymond. Pièce remarquable. Diam. 13 cent.

1990 — Émail de Limoges. — Coupe à pied élevé et couvercle ; à l'intérieur est représenté un banquet des divinités de la mer, avec entourage d'arabesques en or ; le pied est orné d'arabesques en grisaille ; sur le couvercle, quatre médaillons offrant des bustes de personnages mythologiques, alternés d'arabesques. Attribué à P. Raymond. Haut. 18 cent., diam. 19 cent.

1991 — Émail de Limoges. — Autre belle coupe à pied élevé et couvercle ; à l'intérieur le sujet d'Énée et Didon ; belle peinture grisaille teintée et rehaussée d'or ; l'extérieur est décoré de mascarons en grisaille et d'arabesques d'or, le pied à balustre ; Neptune dans son char, suivi d'une sirène montée sur un bouc marin ; au-dessous du balustre l'enlèvement d'Hélène. Sur le couvercle le marche triomphale de Bacchus et de Silène ; la revers est décoré d'arabesques d'or qui entourent quatre cartouches peints en grisaille, représentant des enfants jouant du violon. Haut. 15 cent., diam. 16 cent. Cette belle coupe peut être attribuée à P. Raymond.

1992 — Émail de Limoges. — Coupe sans couvercle à peinture coloriée, représentant le Jugement de Pàris ; les noms des divinités sont inscrits au-dessus de leurs têtes en lettres d'or ; le revers de la coupe est décoré de guirlandes et de trophées. Haut. 12 cent., diam. 17 cent.

1993 — Émail de Limoges. — Beau flambeau à peinture coloriée et paillons; le pied, très-large, est orné de douze médaillons relevés en bosse de forme ovale, sur chacun desquels sont représentés les travaux d'Hercule et d'autres divinités; la tige du flambeau est séparée en deux parties par une espèce de plateau décoré de groupes d'enfants jouant avec des animaux. Haut. 17 cent., diam. 19 cent. Cette belle pièce est attribuée à Jean Courtois.

1994 — Émail de Limoges. — Coffret dont la monture est en cuivre ciselé et doré, décoré de douze peintures en grisaille, avec inscription en lettres d'or, représentant l'histoire de Tobie. La beauté du dessin et la perfection de la peinture ne laissent rien à désirer; aussi peut-on considérer cet objet comme l'un des plus précieux qu'ait produits l'émaillerie du seizième siècle. Haut. 11 cent., long. 17 cent., larg. 10 cent.

1995 — Émail de Limoges. — Grand triptyque monumental, peinture grisaille légèrement teintée; le tableau du centre représente saint Jean prêchant et autour un nombreux auditoire; au-dessus, dans le cintre, Dieu le Père bénissant; le volet de gauche représente le baptême de Jésus par saint Jean; le volet de droite la décollation de saint Jean; au-dessus de chacun de ces volets un ange sonnant de la trompette. Ces belles peintures peuvent être attribuées à Martin Didier; la monture en bois noir est décorée d'arabesques en or. Haut., y compris le cadre, 60 cent., long. 70 cent.; pierre remarquable par la beauté de la peinture et de la conservation.

1996 — Émail de Limoges. — Plaque carrée peinture grisaille teintée, représentant l'astronomie sous les traits d'une jeune femme nue assise sur un cippe décoré d'un bas-relief ; cinq enfants ou génies sont groupés autour d'elle. Haut. 22 cent., larg. 16 cent.

1997 — Émail de Limoges. — Autre plaque, pendant de la précédente ; peinture grisaille teintée ; la dialectique, représentée par une femme couronnée de lauriers, nue et assise sur un cippe décoré d'un bas-relief ; six jeunes génies écoutent ses leçons. Mêmes dimensions que la précédente.

998 — Émail de Limoges. — Plaque ovale légèrement convexe ; peinture coloriée et sur paillons, représentant David, et Bethsabée sortant du bain entourée de ses femmes ; la messagère de David lui remet une lettre ; la scène se passe dans un magnifique jardin orné de vases précieux et de magnifiques statues ; la fontaine d'où jaillit de l'eau est ornée de sculptures et surmontée de Pégase ; dans l'éloignement on distingue la ville de Jérusalem, à gauche le palais de David, où l'on reconnaît David sur son balcon, la couronne en tête et le sceptre à la main. Cette magnifique plaque est attribuée à Jean Courtois ; M. le comte de Laborde la mentionne parmi les œuvres non signées de cet artiste. Cadre en cuivre doré. Haut. 30 cent., larg. 41 cent.

1999 — Émail de Limoges. — Plaque ovale ; peinture grisaille, représentant la déesse Ops, entièrement nue, pressant ses seins, debout au milieu d'animaux divers ; le fond est formé par un paysage verdoyant ; on voit dans l'éloignement une ville ; sur une banderole on lit : *Opus Saturni coniux mater quæ deorum*. Haut. 27 cent., larg. 21 cent.

2000 — Émail de Limoges. — Plaque ovale légèrement concave, peinture coloriée représentant la Charité ; au milieu d'une prairie une jeune femme debout allaite un enfant ; plusieurs autres enfants sont auprès d'elle. Haut. 26 cent. sur 20. Décrit dans l'ouvrage de M. le comte de Laborde.

2001 — Émail de Limoges. — Plaque ovale convexe, peinture coloriée, sujet copié de l'histoire de Psyché de Raphaël, dont on possède des gravures par divers artistes. Psyché, à la recherche de son époux, arrive au temple de Cérès, qui s'élève au milieu d'un riant paysage. Signé P. C., itiniales de Pierre Courtois. Magnifique émail. Haut. 28 cent. sur 21.

2002 — Émail de Limoges. — Plaque carrée, peinture coloriée et sur paillons, richement rehaussée d'or, représentant l'Adoration des bergers ; on peut attribuer cette belle peinture à Léonard Limousin. Haut. 25 cent., larg. 17.

2003 — Émail de Limoges. — Plaque carrée, peinture coloriée, de style allemand, représentant l'Annonciation. Cette belle peinture est enrichie d'émaux de couleur sur paillons imitant les pierreries, et peut être attribuée à Penicaud l'Ancien. Haut. 25 cent., larg. 20.

2004 — Émail de Limoges. — Plaque carré long, à peinture coloriée sur fond bleu, représentant quatre Anges agenouillés en oraison. Cette peinture est de la fin du quinzième siècle. Haut. 5 cent 1/2 sur 21.

2005 — Émail de Limoges. — Plaque arrondie à la partie supérieure, peinture grisaille légèrement teintée de diverses couleurs, représentant le Christ en croix, entre la Vierge et saint Jean. Cette plaque provient d'un baiser de paix. Haut. 4 cent., larg. 2 1/2.

2006 à 2008 — Émail de Limoges. — Trois plaques à peinture coloriée, de forme carrée ; sur l'une est représenté le Christ à la colonne ; sur une autre, le Portement de croix ; sur la troisième, le Crucifiement. Haut. 15 cent., larg. 12.

2009 — Émail de Limoges. — Plaque de forme rectangulaire, peinture grisaille sur fond bleu avec quelques rehauts d'or, représentant le Martyre de saint Laurent, d'après la gravure de Marc Antoine. La belle composition de Baccio Bandinelli n'a rien perdu de sa grandeur dans la petite dimension de 66 millim. de haut. sur 82. Le peintre émailleur auquel on doit ce chef-d'œuvre a signé son œuvre MP.

2010 — Émail de Limoges. — Plaque carrée échancrée dans le haut, peinture grisaille teintée, rehaussée d'or, représentant Jésus mis au tombeau ; la plaque porte au revers le poinçon de la famille Penicaud. Haut. 8 cent., long. 10.

2011 — Émail de Limoges. — Plaque rectangulaire, peinture grisaille teintée, représentant le Passage de la mer Rouge. Cette belle peinture peut être attribuée à Jean Courtois. Haut. 8 cent., larg. 9.

2012 — Émail de Limoges. — Plaque cintrée dans le haut, peinture grisaille rehaussée d'or ; dans la partie cintrée, l'Annonciation, on lit au-dessus : *Ave Maria, gratia plena ;* au-dessous, le Mariage de sainte Catherine. Haut. 16 cent., larg. 10. Cette belle peinture peut être attribuée à Martin Didier.

2013-2014 — Émail de Limoges. — Deux plaques de forme rectangulaire, peinture grisaille légèrement teintée, représentant, l'une l'Adoration des bergers, l'autre l'Adoration des mages. Ces deux peintures peuvent être attribuées à Pierre Raymond. Haut. 8 cent., larg. 12.

2015 — Émail de Limoges. — Plaque de forme rectangulaire, peinture grisaille, représentant la Fuite en Égypte, que l'on peut attribuer à Pierre Raymond. Haut. 5 cent. sur 5.

2016 — Émail de Limoges. — Plaque rectangulaire, peinture grisaille, rehaussée d'or, représentant la Cène ; cette plaque porte au revers un poinçon de fabrique. Haut. 5 cent 1/2 sur 8.

2017. — Émail de Limoges. — Plaque cintrée dans le haut, provenant d'un baiser de paix, représentant l'Annonciation. Haut. 8 cent., larg. 6.

2018 à 2023 — Émail de Limoges. — Six petites plaques carrées, mais arrondies à la partie supérieure, provenant de baiser de paix, à peinture coloriée, qui peuvent être attribuées à Pierre Raymond, représentant : la Nativité, les Bergers avertis par l'ange, le Christ en croix, la Vierge et l'enfant Jésus, le Baptême de Jésus-Christ et la Descente de croix. Haut. 8 cent. sur 6.

2024 — Émail de Limoges. — Plaque de même forme que les précédentes, représentant la Descente de croix ; au revers on distingue en creux les lettres PR. qui doivent être les initiales de Pierre Raymond. Haut. 7 cent. sur 5.

2025 — Émail de Limoges. — Plaque de même forme que les précédentes, représentant l'Adoration des mages. Haut. 7 cent. sur 6.

2026 — Émail de Limoges. — Plaque ronde, peinture coloriée : la Décollation de saint Jean-Baptiste. Diam. 6 cent. 1/2.

2027 — Émail de Limoges. — Autre plaque ronde, peinture coloriée. Sainte Barbe debout près d'une tour. Diam. 6 cent. 1/2.

2028. — Émail de Limoges. — Plaque ovale, à peinture coloriée, sujet mythologique. Haut. 9 cent., larg. 6.

2029 à 2034 — Émail de Limoges. — Six plaques, à peinture coloriée, avec rehauts d'or, représentant les sujets suivants : l'Adoration des bergers, Jésus enseignant la parole divine, Jésus insulté par des soldats, le Portement de croix, le Crucifiement et la Descente de croix. Haut. de chacune 10 cent., larg. 8.

2035 — Émail de Limoges. — Plaque de forme rectangulaire, peinture grisaille teintée, représentant un sujet tiré du n° 30 de l'Histoire de Psyché, par Raphaël. Cette belle peinture est attribuée à Penicaud. Haut. 9 cent., long. 15.

2036 — Émail de Limoges. — Plaque ovale, peinture coloriée

et à paillons, représentant Apollon et les Muses sur le Parnasse. Belle peinture qui peut être attribuée à Jean Courtois. Haut. 6 cent., larg. 17.

2037 — Émail de Limoges. — Plaque de forme rectangulaire, à peinture grisaille, représentant un sujet de chasse, attribuée à Pierre Raymond. Haut. 8 cent., larg. 17.

2038 — Émail de Limoges. — Plaque de forme rectangulaire, à peinture coloriée sur paillons, représentant Minerve debout et casquée, couverte d'une longue robe bleue. Très-bel émail, signé J. C. (Jean Courtois). Haut. 12 cent., larg. 9.

2039 — Émail de Limoges. — Plaque de même forme que la précédente, à peinture coloriée et à paillons, représentant Vénus et l'Amour, entourés de riches ornements. Ce bel émail est signé J. D. C. (Jean De Court). Haut. 13 cent., larg. 10.

2040 — Émail de Limoges. — Médaillon offrant deux bustes conjugués avec légende : Pâris et la belle Hélène. Haut. 16 cent. sur 16.

2041 — Émail de Limoges. — Plaque en forme de losange, à peinture coloriée, rehaussée d'or ; le buste de Persée. Haut. 15 cent. sur 15.

2042 — Émail de Limoges. — Plaque ronde peinte sur les deux faces ; le côté concave représente, en grisaille, Jupiter et Calisto ; le côté opposé représente, peint en couleur, Céphale et Procris, ainsi que l'indique l'inscription. Diam. 13 cent.

2043 — Peinture sur cristal de roche. — Médaillons offrant

deux sujets peints en couleur et or et réunis dans une sertissure d'argent doré, représentant la Flagellation de Notre-Seigneur ; et l'autre, Jésus portant sa croix. Haut. 5 cent. larg. 4.

2044 — Émail. — Médaillon ovale sur lequel est représenté un vase de fleurs et deux personnages se faisant face ; il porte le monogramme HB. Haut. 5 cent., larg. 4.

2045 — Émail vénitien. — Aiguière à anse surélevée, de forme élégante, émaillée de bleu extérieurement, richement décorée d'ornements et d'appliques en or ; l'intérieur est émaillé en blanc avec un décor analogue. Cette belle aiguière porte en outre des écussons armoriés, supportés par deux sauvages armés de massues. Haut. 29 cent.

2046 — Émail vénitien. — Beau plateau d'aiguière à larges gaudrons, émaillé dans le même style et de même couleur qu'en la pièce précédente.

2047 — Émail vénitien. — Hanap à fond bleu, décoré de fleurs de lis héraldiques et d'étoiles en or. Haut. 17 cent.

2048 — Émail vénitien. — Petit plateau à godrons, décoré d'amulettes style de la pièce précédente. Diamètre, 22 cent.

2049 — Émail vénitien. — Vase à pied sans anses, à godrons. Mêmes décors que les pièces précédentes.

FIGURES ET BAS-RELIEFS EN FAIENCE ÉMAILLÉE

DE LUCAS DELLA ROBIA

2050 — La sainte Vierge debout en oraison, les mains jointes, élevant les yeux au ciel. Haut. 1 m.

2051 — Une Sainte debout; très-belle expression. Haut. 1 m.

2052 — Bas-relief. — La Vierge assise, tenant sur ses genoux l'enfant Jésus ; les figures se détachent en blanc sur un fond bleu; les cheveux, les nimbes et les broderies sont dorés; les fleurs et le gazon sont de couleur naturelle. Haut. 45 cent., larg. 35. Ce magnifique bas-relief, exécuté par Lucas della Robia, est une des œuvres les plus remarquables du maître.

2054 — Bas-relief. — Médaillon rond : la sainte Vierge nue à mi-corps, tenant dans ses mains l'enfant Jésus; une couronne de fleurs et de fruits de couleur naturelle encadre ce médaillon. Diam. 43 cent.

2055 — Bas-relief. — Autre médaillon rond, représentant saint Jean écrivant son Évangile ; un ange lui tient son encrier. Provenant de la collection Debruges. Diam. 38 cent.

2056-2057 — Bas-reliefs. — Deux médaillons semblables avec sujets émaillés en couleur, le Phénix sur le bûcher allumé par les rayons du soleil. Bordure composée de feuilles et de fleurs.

2058 — Haut relief. — Médaillon circulaire sur lequel paraît une tête de Bacchus de haut relief émaillée de blanc, la tête couronnée de pampres.

2059 — Haut relief. — Fragment d'une frise, tête de chérubin au milieu d'arabesques, émail blanc sur fond bleu. Haut. 30 cent., long. 63.

2060 à 2063 — Statuettes. — Quatre figures d'esclaves maures enchaînés, terre émaillée analogue à celle de Lucas della Robia. Travail de la fin du dix-septième siècle. Ces figures sont les copies réduites des esclaves de la statue du grand-duc de Toscane Ferdinand Ier, que l'on admire à Livourne.

MAJOLIQUES

2064 — Fabrique d'Urbino. — Coupe à pied, chargée d'arabesques ; au centre, un petit médaillon sur lequel sont représentés Vénus et l'Amour debout. Haut. 10 c., diam. 24.

2065 — Même fabrique. — Autre coupe de mêmes forme et décors ; au centre, un jeune homme s'embarque sur un fleuve dont on voit le dieu couché et répandant l'eau de son urne. Même dimension que la précédente, dont elle est le pendant.

2066 — Même fabrique. — Coupe d'accouchée avec couvercle et plateau, décorée d'arabesques fantastiques. La coupe, le plateau et le fond de la coupe décorés de sujets analogues à la circonstance. Hauteur totale, 17 cent.

2067 — Même fabrique. — Coupe d'accouchée ; à l'intérieur

un sujet du même genre; l'extérieur est décoré d'arabesques fantastiques et de l'aigle impériale. Haut. 13 cent.

2068-2069 — Même fabrique. — Une paire de flambeaux décorés d'Amours ; le plateau qui sépare le pied de la tige est orné de trompettes et de soldats romains en marche ; le pied est orné de paysages. Haut. 19 cent. Ces deux flambeaux sont remarquables par la beauté de la peinture.

2070 — Même fabrique. — Aiguière à une anse dont l'ouverture est formée par une gueule de lion ; la peinture qui décore la panse représente des sujets mythologiques, et sur le col l'aigle impériale. Haut. 27 cent.

2071 — Même fabrique. — Aiguière en forme d'oiseau, le bec se rattache à l'anse par un mufle de lion : la queue de l'oiseau est décorée d'un mascaron en relief ; sur la panse, un paysage avec une figure allégorique. Haut. 20 cent.

2073 — Fabrique de Castel Durante. — Vase sans anse, forme d'urne ; d'un côté une tête de vieillard, et de l'autre une tête de jeune femme. Haut. 28 cent.

2074 — Fabrique de Faenza. — Sirène, bel émail de parfaite conservation. Haut. 21 cent.

2075 — Même fabrique. — Aiguière à une anse, réunie au goulot par une tresse ; la panse est décorée de cannelures et d'arabesques. Haut. 27 cent.

2076 — Fabrique de Castel Durante. — Grand vase ovoïde de pharmacie, sans anse ; sur la panse, un buste de

Minerve casquée; décors à feuillages de diverses couleurs. Haut. 37 cent.

2077 — Fabrique de Pesaro. — Vase à deux anses, décoré d'arabesques bleus et jaunes à reflets métalliques. Haut. 21 cent.

2078 — Fabrique Hispano-arabe. — Grand vase à couvercle. La décoration de ce beau vase, de style mauresque, est en émaux à reflets métalliques, tantôt jaunes, tantôt bleus sur fond blanc. Haut. 55 cent., diam. 44 cent.

2079 — Fabrique de Pesaro. — Vase à deux anses, décors à reflets métalliques; de chaque côté, un médaillon représentant le monogramme du Christ. Haut. 30 cent.

2080 — Même fabrique. — Vase à couvercle en forme de pomme de pin, émail jaunâtre irisé. Haut. 27 cent.

2081 — Fabrique de Toscane du dix-septième siècle. — Vase à couvercle à deux anses en faïence brune couverte d'ornements en relief, représentant des fruits et des fleurs. Haut. 34 cent.

2082 — Fabrique hispano-mauresque. — Grand plat à bords godronés, décoration jaune à reflets métalliques. Diam. 46 cent.

2083 — Même fabrique. — Grand plat décoré à peu près dans le même style que le précédent, avec des imitations d'inscriptions arabes. Diam. 47 cent.

2084 — Même fabrique. — Plat profond avec ombilic saillant, sur lequel est un écusson armorié; décor jaune à reflets nacrés. Diam. 37 cent.

2085 — Même fabrique. — Plat avec ornements de même couleur que le précédent. Diam. 47 cent.

2086 — Même fabrique. — Grand plat à ombilic godroné, avec écusson portant un taureau et imitations d'inscriptions arabes. Diam. 49 cent.

2087 — Même fabrique. — Grand plat chargé d'ornements jaunes à reflets d'or; sur les bords, une légende en relief de la même couleur. Cette légende, plusieurs fois répétée, n'a pas de sens. Diam. 49 cent.

2088 — Fabrique italo-mauresque. — Grand plat décoré d'ornements bleus sur fond blanc; sur l'ombilic un écusson armorié. Diam. 47 cent.

2089 — Même fabrique. — Grand plat décoré de fleurons bleus sur fond blanc; sur l'ombilic le monogramme de Notre-Seigneur. Diam. 45 cent.

2090 — Même fabrique. — Grand plat dont la décoration principale consiste en quatre écussons chargés d'arabesques qui se détachent en blanc sur fond d'or à reflets nacrés. Diam. 34 cent.

2091 — Même fabrique. — Grand plat; sur l'ombilic, un lion marchant. Diam. 47 cent.

2092 — Même fabrique. — Grand plat à reflets métalliques; au centre, l'écusson de l'illustre famille des Strazzi de Florence. Diam. 45 cent.

2093 — Fabrique de Faenza. — Plat portant au centre les armoiries d'un pape de la famille des Médicis; le bord est richement décoré. Diam. 35 cent.

2094 — Fabrique de Pesaro. — Plat chargé d'arabesques en relief qui se détachent en jaune sur fond blanc ; le bord, à fond bleu, est d'un décor analogue ; sur l'ombilic un lion assis. Diam. 38 cent. Ce plat, d'une grande rareté, est aussi d'une parfaite conservation.

2095 — Même fabrique. — Grand plat décoré d'un buste de jeune femme de profil ; décors jaunes à reflets métalliques rehaussés de bleu ; sur une banderole on lit : *Aurari secreto et molto, aut a Dio.*

2096 — Même fabrique. — Plat d'une décoration analogue ; buste de jeune femme de trois quarts. Diam. 41 cent.

2097 — Même fabrique. — Grand plat, buste d'homme casqué, avec cette légende : *Scipione Africano ;* décor bleu et jaune.

2098 — Fabrique de Faenza. — Grand plat avec buste de jeune femme nue à mi-corps ; très-beau décor bleu et jaune ; dans le champ, Brigita. Diam. 37 cent.

2099 — Fabrique de Pesaro. — Plat profond décoré d'un buste de jeune femme en robe verte. Diam. 36 cent.

2100 — Fabrique de Faenza. — Plat décoré de diverses couleurs. Diam. 43 cent.

2101 — Fabrique d'Urbino. — Grand plat à ombilic portant un écusson armorié ; le reste du plat est décoré d'arabesques fantastiques. Diam. 47 cent.

2102 — Même fabrique. — Plat décoré de grotesques ; au centre, un sujet mythologique. Diam. 31 cent.

2103 — Fabrique de Gubbio. — Plat à décor métallique rouge feu, rehaussé de bleu ; au centre, un médaillon avec buste de femme. Diam. 35 cent.

2104 — Fabrique de Pesaro. — Grand plat profond aux armes de la famille florentine des Boverelli ; deux cornes d'abondance forment les supports de l'écu ; les bords du plat sont décorés de feuillages à reflets métalliques. Diam. 43 cent.

2105 — Fabrique d'Urbino. — Grand plat décoré d'un sujet allégorique, composé de plusieurs figures. Diam. 45 cent.

2106 — Fabrique de Castel Durante. — Grand plat dont le sujet, en camaïeu bleu, représente un cavalier combattant un monstre ; le bord est décoré de feuillages sur fond bleu et sur fond orangé.

2107 — Fabrique de Faenza. — Jolie coupe ; le fond représente un sujet de martyr ; le bord est décoré de petits sujets et d'arabesques dans le meilleur style du seizième siècle, qui se détachent en couleurs variées sur fond bleu foncé ; au revers on lit *Infaenca*. Diam. 16 cent. Cette pièce, remarquable par la beauté du dessin et la finesse de l'émail, mérite de fixer l'attention de MM. les amateurs.

2108 — Même fabrique. — Petit plat appelé cuppa-amatoria, à fond bleu décoré d'arabesques en grisaille ; au fond un buste d'homme CHLAVDIO. Diam. 25 cent.

2109. — Même fabrique. — Autre assiette semblable, avec le buste d'Annibal. Même diamètre.

2110 — Même fabrique. — Coupe peu profonde, à bords godronés; l'ombilic, relevé en bosse, représente un buste de guerrier. Diam. 24 cent.

2111 — Même fabrique. — Bassin festonné, décoré de feuillages, sur des fonds de diverses couleurs; au centre un Amour. Diam. 31 cent.

2112 — Même fabrique.—Bassin festonné; au centre un buste d'homme, décor de feuillage, sur fond de couleur variée. Diam. 26 cent.

2113 — Même fabrique.—Coupe à godrons, avec arabesques de diverses couleurs; sur l'ombilic bombé une guerrière nue à mi-corps. Diam. 24 cent.

2114 — Même fabrique. — Petit présentoir à larges bords, décoré d'arabesques en grisaille sur fond bleu; le fond est orné d'une tête casquée.

2115 — Même fabrique.—Assiette à large bord; au fond deux amours montés sur un cheval; le bord est décoré de deux grotesques en bleu sur fond jaune.

2116 — Même fabrique. — Un plat décoré de fruits et de fleurs de couleurs variées. Diam 27 cent.

2117 — Même fabrique. — Plat creux godronné; au fond un Amour ailé; le bord est décoré de losanges de diverses couleurs. Diam. 27 cent.

2118 — Même fabrique. — Coupe; au centre, sur un fond jaune, le buste d'Hector casqué; le sujet est entouré d'ornements de diverses couleurs. Diam. 26 cent.

2119. — Fabrique d'Urbino. — Présentoir à larges bords, décoré d'un sujet de combat ; la figure des combattants est pleine d'énergie.

2120 — Même fabrique. — Plat, dont la peinture représente Mars et Vénus pris dans les filets de Vulcain. Diam. 25 cent.

2121 — Fabrique d'Urbino. — Plat à godrons décoré d'arabesques fantastiques ; sur l'ombilic, un Amour. Diam. 23 cent.

2122 — Même fabrique — Assiette dont la peinture représente une mère tenant son enfant sur ses genoux ; à ses pieds un chien, sur les bords quatre Amours ; le revers est d'un décor analogue.

2123 — Fabrique de Gubbio. — Plat décoré de trophées sur fond bleu ; au centre, un Amour sur un aigle ; reflets métalliques très-vifs. Diam. 27 cent.

2124 — Même fabrique. — Petit plat à reflets rouge feu très-vifs, à décors d'arabesques fantastiques sur fond bleu ; au fond, un buste de femme, GUSTINA, et le millésime 1529 ; au revers, le même millésime. Ce beau plat est probablement de Giorgio.

2125 — Même fabrique. — Petit plat, pofond ; au centre, un chérubin en relief ; les bords sont ornés de fleurs et de fruits également en relief. Diam. 24 cent.

2126 — Même fabrique. — Petit plat pendant du précédent ; dans le fond, le lion de saint Marc.

2127 — Même fabrique. — Bassin à ombilic bombé, décoré d'une figure en relief, *Magnus Dei*, avec la bannière. Diam. 24 cent.

2128-2129 — Même fabrique. — Deux assiettes chargées de fleurettes se détachant en jaune sur fond blanc : au centre, un écusson en armoirie. Diam. 17 cent.

FAIENCES DE BERNARD PALISSY

2130 — Groupe représentant Neptune monté sur un hippocampe ailé. Haut. 25 cent.

2131 — Statuette ; le Joueur de cornemuse, debout, adossé à un arbre. Son costume annonce la première moitié du seizième siècle. Haut. 26 cent.

2132 — Grand plat ovale, à reptiles et poissons, orné de coquillages en relief, grenouilles, reptiles, etc. Long. 35 cent., larg. 39 cent.

2133 — Plat rond orné de six mascarons en relief ; au centre, une rosace ; les bords sont ornés de fleurs découpées de couleurs variées. Diam. 26 cent.

2134 — Plat ovale, à cornes d'abondance chargées de fruits, qui alternent des cartouches creux et des rosaces. Long. 33 cent., larg. 25 cent.

2135 — Plat ovale, offrant un serpent, un lézard, des coquilles et des fleurs en relief.

2136 — Autre plat ovale offrant en relief un serpent, un lézard, une grenouille, etc. Long. 33 cent., larg. 25 cent.

2137-3138 — Deux plats absolument semblables, de forme ovale, décorés de godrons disposés en rayons et séparés entre eux par des entrelacs. Long. 32 cent., larg. 23 cent.

TERRE CUITE

2139 — Bas-relief de forme circulaire représentant un jeune satyre et une nymphe. Ce bas-relief est signé Clodion, 1765. Diam. 28 cent.

GRÈS

2140 — Une canette à bière avec couvercle en étain; la panse est ornée d'une frise en relief dans le style de la renaissance. Haut. 23 cent.

2141 — Une gourde à quatre petites anses destinées à la suspendre, à fond émaillé bleu et semé de fleurs de lis émaillées en brun; elle porte la date de 1678. Haut. 30 cent.

VERRERIE

2142 — Verre de Venise. — Gobelet de forme évasée à décor de couleurs posées à froid, composées de rinceaux avec des oiseaux, au milieu desquels on distingue l'aigle héraldique. Ce beau verre est du quinzième siècle. Haut. 13 cent.

2143-2144 — Verre de Venise. — Deux grands flacons-bouteilles, à panse aplatie, à long col, décorés de larges rosaces à fond d'or rehaussées d'émaux de couleurs variées. Très-belle pièce d'une rare conservation.

2145 — Verre de Venise. — Vase à couvercle, forme de calice, décoré de guirlandes de fleurs et de feuilles émaillées sur fond d'or ; le couvercle et le pied sont couverts d'imbrications d'or rehaussées d'émaux. Haut. totale 28 cent.

2146 — Verre de Venise. — Coupe en verre bleu décoré d'imbrications à fond d'or avec émaux de diverses couleurs. Diam. 13 cent.

2147 — Verre de Venise. — Burette ou aiguière ornée de fleurons peints en or ; au col, une torsade en verre bleu en relief. Haut. 21 cent.

2148 — Verre de Venise. — Un gobelet en verre blanc, orné de tubercules en partie dorés ; le bord est orné de rosaces en or et couleur.

2149 — Verre de Venise. — Vidrecome de forme très-évasée ; la panse est garnie de tubercules saillants en émaux de diverses couleurs et décorés d'ornements gravés à la pointe ; le bord offre une riche bordure en émaux de couleur rehaussés d'or. Haut. 22 cent., diam. 18 cent.

2150 — Verre de Venise. — Coupe en verre blanc dont les bords sont ornés d'émaux sur fond d'or. Diam. 23 cent.

2151 — Verre de Venise. — Autre coupe en verre blanc ; le bord est décoré d'un semis d'or et de perles en émail de couleur. Diam. 21 cent.

2152 — Verre de Venise. — Bassin en verre blanc, décoré sur les bords d'un semis d'or en forme d'écailles et de perles en émail de diverses couleurs; à l'extérieur, l'ombilic est orné d'une rosace en émaux de couleur. Diam. 22 cent.

2153 — Verre de Venise. — Bassin en verre blanc, décoré d'émaux sur fond d'or et de filets teintés de bleu. Diam. 22 cent.

2154 — Verre de Venise. — Gobelet à pied en forme de calice, avec couvercle en verre bleu décoré d'or et d'émaux; le couvercle et le pied sont pailletés d'or. Haut. 24 cent.

2155 — Verre de Venise. — Coupe en verre blanc avec bordure d'imbrications en or et émaux de couleur. Diam. 18 cent.

2157 — Verre de Venise. — Gobelet à pied en verre bleu, décoré de fleurons peints en or avec émaux de couleur. Haut. 16 cent.

2156-2158 — Verre de Venise. — Une paire de bassins à bords plats décorés d'une bordure d'or avec écusson aux armes du possesseur et d'émaux de couleur. Diam. 17 cent.

2159 — Verre de Venise. — Plateau à piédouche, décoré d'émaux de couleur sur fond doré; au milieu, l'armoirie d'un cardinal. Diam. 25 cent.

2160 — Verre de Venise. — Burette à une seule anse, en verre bleu ; la panse est décorée d'arabesques en or et en émaux de couleurs diverses. Haut. 15 cent. 1/2.

2161 — Verre de Venise. — Plateau à piédouche, en verre blanc, orné d'imbrications en or et d'émaux de couleur ; au centre, un médaillon avec sujet émaillé. Diam. 21 cent.

2162 — Verre de Venise. — Coupe à godrons, en verre blanc, ornée de dorure et d'émaux. Diam. 17 cent.

2163 — Verre de Venise. — Coupe de même forme que la précédente ; on lit sur le bord doré : ONIAM *vincit Amor* (*oniam* pour *omnia*). Diam. 15 cent.

2164 — Verre de Venise. — Coupe à godrons, en verre blanc, avec petites anses et filets d'or. Diam. 9 cent.

2165 — Verre de Venise. — Gobelet en verre blanc, sur pied élevé en verre vert, avec semis d'or. Haut. 22 cent.

2166 — Verre de Venise. — Coupe à deux anses en verre vert, ornée de dorures. Haut. 8 cent., diam. 10 cent.

2167 — Verre de Venise. — Grand vase à couvercle, en verre violet semé d'or, orné de côtes saillantes. Haut. 48 cent., diam. 20 cent. — Ce beau vase provient du cabinet Debruge.

2168 — Verre de Venise. — Flacon cannelé en verre violet craquelé. Haut. 15 cent.

2169 — Verre de Venise. — Buire en verre bleu, à col cannelé ; la panse est décorée de zig-zag en relief.

2170 — Verre de Venise. — Gobelet de forme octogone en verre bleu ; le pied, peu élevé, est en verre blanc. Haut. 15 cent.

2171 — Verre de Venise. — Buire en verre violet, avec légers fleurons en émail blanc ; le bord de l'ouverture est orné d'un filet en émail blanc. Haut. 14 cent.

2172 — Verre de Venise. — Gobelet à pied élevé, en verre vert, orné de fleurons en or.

2173 — Verre de Venise. — Plateau légèrement godronné, en verre vert ; il est décoré de la même manière que le gobelet qui précède et peut l'accompagner. Diam. 21 cent.

2174-2175 — Verre de Venise. — Grand gobelet en verre vert clair, avec le plateau légèrement godronné.

2176 — Verre de Venise. — Plateau à piédouche, en verre bleu, légèrement godronné. Diam. 22 cent.

2177 — Verre de Venise. — Belle buire en verre bleu, couverte de rinceaux et de fleurs émaillés en couleurs variées ; l'anse est couverte d'un semis d'or. Haut. 26 cent.

1278 — Verre de Venise. — Vase à couvercle à côtes, verre de diverses couleurs que les Italiens nomment *fioriti*. Haut. 11 cent.

2179 — Verre de Venise. — Flacon de forme sphéroïdale, en verre violet moucheté d'émail blanc. Haut. 11 cent.

2180 — Verre de Venise. — Vase à couvercle et pied élevé, en verre craquelé, orné de rosaces et de mascarons dorés. Haut. 29 cent.

2181 — Verre de Venise. — Seau de forme octogone, en verre craquelé ; l'anse figure un serpent. Haut. 14 cent.

2182-2183 — Verre de Venise. — Deux vases de forme ovoïde et à côtes, en verre agate veiné de verdâtre et de bleu, de couleur sardoine par réfraction. Haut. 13 cent.

2184 — Verre de Venise. — Gobelet à pied peu élevé, en verre agate. Haut. 12 cent.

2185 — Verre de Venise. — Coupe ovale à pied élevé, en verre agate.

2186 — Verre de Venise. — Vase forme bouteille, à trois goulots placés sur la panse, en verre agate. Haut. 25 cent.

2187 — Verre de Venise. — Buire en verre, imitant l'agate, la panse et le pied à côtes. Haut. 25 cent.

2188 — Verre de Venise. — Flacon à côtes, en verre marbré, avec semis d'or. Haut. 17 cent.

2189-2190 — Verre de Venise. — Deux burettes en verre opale, ornées de petits mascarons en relief dorés. Haut. 12 cent.

2191-2192 — Verre de Venise. — Deux burettes semblables aux précédentes ; l'anse est rattachée à la panse par un nœud d'une rare élégance. Haut. 15 cent.

2193-2194 — Verre de Venise. — Une bouteille à long col et à plateau à piédouche, en verre opale. Haut. de la bouteille, 17 cent.; diam. du plateau, 16 cent.

2195 — Verre de Venise. — Flambeau en verre opale, à large pied, orné de godrons et à tige torse. Haut. 22 cent., diam. du pied 18 cent.

2196 — Verre de Venise. — Burette en verre opalisé, de forme élégante. Haut. 9 cent.

2197 — Verre de Venise.— Plateau sur pied à tige cannelée en verre opale. Haut. 6 cent., diam. 16.

2198 à 2201 — Verre de Venise. — Quatre tasses à deux anses, en verre opale, destinées à être placées sur le plateau ci-dessus.

VASES A RITORTIS

2202 — Verre de Venise. — Vase à deux goulots, à filigrane blanc. Haut. 19 cent.

2203 — Verre de Venise. — Gobelet à pied, filigrane blanc. Haut. 16 cent.

2204 — Verre de Venise. — Coupe à pied, à filigrane blanc. Diam. 15 cent.

2205 — Verre de Venise. — Autre coupe à pied, semblable. Diam. 16 cent.

2206 — Verre de Venise. — Coupe à pied, filigrane blanc. Diam. 16 cent.

2207 — Verre de Venise. — Porte-bouquet à filigrane, avec ruban blanc opaque. Haut. 20 cent., diam. 14 cent.

2208 — Verre de Venise. — Bouteille en forme de gourde, à filigrane blanc et rubans bleus ; les anses sont en verre blanc avec léger filigrane et la panse godronnée, pied ciselé et doré. Haut. 24 cent.

2209 — Verre de Venise. — Gobelet à couvercle à filigrane, très-belle-forme. Haut. 12 cent.

2210 — Verre de Venise. — Petit plateau en verre blanc, à filigrane. Diam. 12 cent.

2211 — Verre de Venise. — Gobelet à pied, en verre blanc uni ; la coupe, à filigrane, est ornée de rubans blanc de lait. Haut. 21 cent.

2212 — Verre de Venise. — Gobelet à pied et couvercle, avec rubans blancs ; la tige du pied est formée de cinq bourrelets superposés. Haut. 37 cent., diam. 9 cent.

2213 — Verre de Venise. — Gobelet à pied et à filigrane fin en blanc, d'une forme analogue à celle du précédent. Haut. 17 cent.

2214 — Verre de Venise. — Coupe à pied, à filigrane blanc. Haut. 9 cent., diam. 18 cent.

2215 — Verre de Venise. — Autre coupe à filigrane blanc. Haut. 8 cent., diam. 16 cent.

2216 — Verre de Venise. — Gobelet de forme cylindrique, à filets blancs entre-croisés. Haut. 19 cent.

2217 — Verre de Venise. — Vase de forme cylindrique, à pied évasé, alterné de filets et de filigranes. Haut. 20 cent.

2218 — Verre de Venise. — Plateau à filigrane blanc. Diam. 37 cent.

2219-2220 — Verre de Venise. — Deux plateaux à filigrane blanc. Diam. 26 cent.

VASES A RÉTICELLIS

2221 — Verre de Venise. — Hanap à couvercle et à deux anses en verre double à réticelli. Haut. 16 cent.

2222 — Verre de Venise. — Gobelet à pied à réticelli, avec rubans blanc de lait. Haut. 16 cent.

2223 — Verre de Venise. — Autre semblable.

2224 — Verre de Venise. — Gobelet à pied élevé à réticelli, d'une forme allongée, comme nos verres à vin de Champagne. Haut. 16 cent.

2225 — Verre de Venise. — Autre verre presque semblable. Haut. 16 cent.

2226 — Verre de Venise. — Verre de la même forme que les précédents, verre blanc à réticelli. Haut. 22 cent...

2227 — Verre de Venise. — Coupe à pied à filigrane blanc et à réticelli. Haut. 13 cent., diam. 13 cent.

2228-2229 — Verre de Venise. — Une paire de grands gobelets à champagne, à réticelli. Haut. 32 cent.

2230 — Verre de Venise. — Coupe à pied, à réticelli et fili-

grane croisés par deux rubans blancs. Haut.
10 cent., diam. 22 cent.

2231 — Verre de Venise. — Gobelet à réticelli. Haut. 11 cent., diam. 8 cent.

2232 — Verre de Venise. — Autre gobelet à réticelli, croisé de rubans blancs. Haut. 16 cent.

2233 — Verre de Venise. — Coupe à pied, à réseaux de filigrane. Haut. 8 cent., diam. 17 cent.

2234-2235 — Verre de Venise. — Une paire de flacons à réseaux de filigrane. Haut. 11 cent. 1/2.

2236-2237 — Verre de Venise. — Une paire de bouquetières à réseaux de filigrane blanc. Haut. 15 c., diam. 7 cent.

2238 — Verre de Venise. — Petit gobelet à réticelli ; il est élevé sur trois boules. Haut. 8 cent.

2239-2240 — Verre de Venise. — Deux gobelets à réticelli. Haut. 19 cent., diam. 8 cent.

2241 — Verre de Venise. — Coupe à pied à réticelli. Haut. 13 cent., diam. 9 cent.

2242-2243 — Verre de Venise. — Deux burettes de forme très-élégante, à filigrane de diverses couleurs : rose, verte et blanche. Haut. 9 cent.

2244 — Verre de Venise. — Gobelet à vin de Champagne, à filigrane de diverses couleurs. Haut. 16 cent.

2425 — Verre de Venise. — Gobelet dont le pied est en verre blanc; la coupe est décorée de fleurons en émail blanc et d'animaux entremêlés de filigrane blanc de lait et rose. Haut. 14 cent.

2246 — Verre de Venise. — Verre à liqueurs à filigrane blanc et rouge. Haut. 12 cent.

2247-2248 — Verre de Venise. — Deux autres à peu près semblables au précédent.

2249 — Verre de Venise. — Flacon de forme cylindrique à filigrane de couleurs variées. Haut. 7 cent.

2250 — Verre de Venise. — Coupe plate à piédouche; à filigrane de couleurs variées. Haut. 4 cent., diam. 19 cent.

2251-2252 — Verre de Venise. — Deux gobelets en verre blanc, sur tige décorée d'enroulements torsinés en verre bleu avec filigranes blancs. Haut. 29 cent.

2253 — Verre de Venise. — Gobelet à pied en verre blanc, tige à enroulements bleus et blancs. Haut. 17 cent.

2254 — Verre de Venise. — Gobelet à pied en verre blanc, à tige à enroulements bleus et blancs. Haut. 16 cent.

2255 — Verre de Venise. — Gobelets en verre blanc, à champagne; la tige avec enroulements blancs et roses, bordée d'ornements découpés en verre bleu. Haut. 25 cent.

2256 — Verre de Venise. — Autre verre à peu près semblable. Haut. 25 cent.

2257 — Verre de Venise. — Gobelet en verre blanc, de forme hémisphérique, sur haute tige, avec enroulements bariolés. Haut. 28 cent.

2258 — Verre de Venise. — Gobelet à peu près de même forme que le précédent; la tige est décorée dans le même style. Haut. 27 cent.

2259 — Verre de Venise. — Gobelet à pied et couvercle en verre blanc; le milieu de la tige est formé d'enroulements à jour, ainsi que le bouton du couvercle. Haut. totale, 39 cent.

2260 — Verre de Venise. — Autre, semblable. Haut. 37 cent.

2261 — Verre de Venise. — Gobelet à vin de Champagne; la tige est décorée d'ornements découpés en verre bleu. Haut. 20 cent.

2262 — Verre de Venise. — Gobelet à pied en verre blanc; deux petites oreilles en verre bleu décorent la tige. Haut. 13 cent.

2263 — Verre de Venise. — Gobelet à pied en verre blanc à tige torse. Haut. 19 cent., diam. 13.

2264 — Verre de Venise. — Coupe de forme plate à godrons, pied à longue tige torse en verre blanc. Haut. 15 cent., diam. 17.

2265 — Verre de Venise. — Gobelet en verre blanc à pied; les deux anses se rattachent à la panse par une coquille, et la tige est ornée de deux mascarons. Hauteur, 20 cent., diam. 9.

2266 — Verre de Venise. — Gobelet en verre blanc à pied; la

coupe est décorée de deux têtes de Méduse et de deux cartouches imprimés en relief. Haut. 22 cent.

2267 — Verre de Venise. — Gobelet à pied en verre blanc, à tige torse, surmonté d'une boule communiquant avec le récipient principal. Haut. 18 cent.

2268 — Verre de Venise. — Coupe à pied en verre blanc avec ornements en émail blanc de lait; au fond une rosace bleue et blanche. Haut. 9 cent., diam. 15.

2269 — Verre de Venise. — Buire en verre bleu, décorée de légers ornements gravés à la pointe de diamant; l'anse est en verre blanc. Haut. 14 cent.

2270-2271 — Verre de Venise. — Deux gobelets en verre blanc décorés de fleurs gravées à la pointe; la tige est ornée de deux petites anses en verre bleu. Haut. 16 cent.

2272-2273 — Verre de Venise. — Deux flambeaux en verre blanc, décorés d'ornements gravés à la pointe. Haut. 27 cent.

2274 — Verre de Venise. — Gobelet en verre blanc porté sur une haute tige. La coupe est décorée de fleurons et d'un écusson gravé renfermant le monogramme radieux du Christ. La tige est formée d'enroulements à filigranes blancs, bordés par des ornements en verre bleu. Haut. 26 cent.

2275 — Verre de Venise. — Grand lustre en verre blanc, à vingt lumières, avec bouquets de fleurs et clochettes en verre de diverses couleurs. Haut. 2 m., diam. 1 m. 47.

2276 — Verre de Venise. — Espèce de fruit ou ornement orné de deux fleurs de lis en relief, surmontées de la couronne royale de France, en verre imitant le cuivre doré. Haut. 23 cent.

2277 — Verre de Venise. — Glace de forme ovale avec buste de saint Paul gravé au centre, entouré d'ornements détachés, bordure en bois sculpté et doré. Haut. 1 m. 16 cent., larg. 58 cent.

2278 — Verre de Venise. — Glace dont le cadre est orné de larges fleurons dans le goût du dix-septième siècle.

2279 — Verre de Venise. — Autre glace, de forme rectangulaire ; le cadre, en bois sculpté et doré, est enrichi de figures en ronde-bosse, portées sur des feuillages découpés à jour.

VERRE D'ALLEMAGNE

2280 — Verre blanc. — Gobelet à pied ; sur la panse deux écussons peints, en émaux de couleurs, avec armoiries, et rehaussés d'or. Haut. 22 cent.

2281 — Verre blanc. — Gobelet à pied avec armoiries peintes à froid, avec la date de 1606. Haut. 24 cent.

PORCELAINES DE SAXE

2282-2283 — Porcelaine. — Deux bustes de jeunes filles coiffées d'un fichu blanc attaché sous le menton, et ornés d'un bouquet de fleurs en relief.

2284 — Porcelaine. — Jardinier enfant s'appuyant sur sa bêche. Haut. 13 cent.

2285 à 2288 — Porcelaine. — Quatre petits vases décorés d'oiseaux et de papillons. Haut. 11 cent.

PORCELAINES DE SÈVRES, PATE TENDRE

2289-2290 — Porcelaine. — Deux tasses avec soucoupes, fond blanc, décorées de filets bleus.

2291 — Porcelaine. — Tasse à deux anses avec soucoupe, décorée de guirlandes vert et or.

2292 — Porcelaine. — Tasse et soucoupe de même forme que la précédente, décorées de sujets.

2293-2294 — Porcelaine. — Deux tasses avec soucoupes en porcelaine blanche à dentelle d'or.

2295 — Porcelaine. — Tasse et soucoupe fond bleu grand feu à rinceaux d'or, avec sujets de marine d'après Vernet.

2296-2297 — Porcelaine. — Deux tasses, fond bleu de roi, à médaillons de fleurs.

2298 — Porcelaine. — Tasse dite tremblante, avec couvercle fond bleu de roi, décorée de guirlandes de fleurs.

2299 — Porcelaine. — Tasse et soucoupe fond bleu à décor d'or et médaillons à sujets mythologiques très-finement exécutés; belle qualité.

2300 — Porcelaine. — Tasse et soucoupe fond blanc à bouquets de fleurs et ornements d'or.

2301-2302 — Porcelaine. — Deux tasses et soucoupes bleu de roi, cartouche à corbeille de fleurs.

2303 — Porcelaine. — Deux tasses et soucoupes fond blanc à bouquets de fleurs.

RENAISSANCE

BOIS SCULPTÉ

2304 — Bois. — Joli petit médaillon de forme circulaire, en bois sculpté, représentant un mariage chrétien; les deux époux sont à genoux devant leur prie-Dieu. Cette composition, de six figures de haut relief, est renfermée dans une monstrance en argent. Diam. du médaillon, 9 cent.; haut. totale de la monstrance, 11 cent.

2305 — Bois. — Arabesque découpée à jour et sculptée sur les deux faces, pièce hémisphérique en bois.

2306 — Bois. — Piédestal en forme de gaîne; sur les quatre faces sont représentés, dans des espèces de niches, des sujets tirés de la vie de Notre-Seigneur Jésus-Christ. Travail d'une finesse remarquable et des plus précieux du seizième siècle. Haut. 12 cent.

2307 — Bois. — Râpe à tabac, dont la monture en bois imite le maroquin. Au milieu de délicates arabesques dorées, on voit sur un cartouche l'aigle à deux têtes de l'empire. Long. 18 cent.

2308 — Bois. — Torchère formée d'une sirène tenant une corne qui devait porter la bougie.

2309 — Bois. — Salière formée de trois enfants nus groupés autour d'un pilastre et portant chacun une coquille. Haut. 19 cent.

2310 — Bois. — Cadre avec bordure découpée à jour et sculptée dans le même morceau de bois; les angles sont ornés d'Amours ailés. Haut. 36, larg. 31.

2311-2312 — Bois. — Deux cadres, sculpture de haut relief, représentant : l'un, Vénus donnant une flèche à l'Amour, et l'autre Bacchus tendant une coupe à un satyre, et dans laquelle ce dernier presse des raisins. Haut. 17, larg. 14.

MEUBLES

2313 — Grand bureau en ébène, garni de trois tiroirs, surmonté d'un cabinet divisé en trois parties, garni de douze tiroirs; le tout décoré d'arabesques en marqueterie d'ivoire très-délicate. Haut. 1 m. 30 cent., long. 1 m. 10 cent.

2314 — Grand coffre italien en bois sculpté. Le bas-relief qui décore la face principale est séparé en deux parties par l'écusson du possesseur. A gauche, le sujet est un combat de guerriers vêtus à la romaine; à droite le triomphe du vainqueur; l'écusson est supporté par deux enfants et surmonté d'un casque héraldique. Haut. 70 cent., long. 1 m. 85 cent.

2315-2316 — Deux tables italiennes semblables, marquetées d'ivoire sur ébène, d'une forme élégante. Haut. 75 cent., long. 1 m. 42 cent., larg. 70 cent.

2317 — Table de tric-trac en bois de rose, le dessus marqueté en bois de diverses couleurs sur fond de bois de satin; ornée de bronzes dorés. Haut. 79 cent., long. 77 cent., larg. 61 cent.

HORLOGERIE

2318 — Montre en argent de forme hexagone allongé de *Durand P.*, à Rouen, ornée de gravures représentant le martyre de saint Étienne, Suzanne et les deux vieillards, et divers ornements.

2319 — Montre en or enrichie de grenats; le cadran est orné d'émaux; le mouvement porte le nom de C. F. Ister.

2320 — Grande et magnifique pendule en marqueterie de Boule, sur écaille noire. Les pilastres, ornés de consoles en bronze doré, supportent un fronton au sommet duquel est une lampe antique; au-dessous du cadran, le Temps enlevant l'une des heures; à la base un baromètre de forme hémisphérique, supporté par un socle sur lequel on lit: *Dirigit atque movet*; sur les côtés, deux sphynx accroupis en bronze doré; au-dessous des pilastres, deux socles ornés de masques de Méduse et les pieds à hélice. Haut 1 m. 10 cent., long. 43 cent., larg. 50 cent. Ce modèle est un des plus beaux de Boule : il figure dans l'ouvrage en cours d'exécution de M. A. Destailleur, intitulé : *Recueil d'estampes relatives à l'ornementation des appartements aux seizième, dix-septième et dix-huitième siècles.*

2321 — Autre belle pendule en marqueterie de Boule, forme lyre, surmontée d'un groupe en bronze représentant Jupiter et Léda; quatre figures de femmes fantastiques forment les pieds, qui reposent sur un socle décoré d'une figurine en bronze d'applique à haut relief, représentant un dragon. Haut. 1 m. 28 cent., larg. 40 cent.

2322 — Pendule en marqueterie de Boule, sur écaille; les pilastres, ornés de cariatides et terminés en volutes, supportent une coupole sur laquelle paraît une figure du Temps tenant sa faux. Haut. 1 m. 12 cent., larg. 45 cent.

2323 — Grosse montre de cabinet en argent à échappement, à roue de remonte et à réveil; la boîte est ornée d'un bas-relief représentant un jardin et des outils de jardinage; double boîtier en galuchat orné d'argent. Diam. 13 cent.

2324 — Cartel en bronze doré; la boîte ronde, dont le cadran porte le nom de Chevreau, à Paris, est entourée de pilastres, de guirlandes et est surmontée d'une rose. Haut. 70 cent.

2325 — Autre cartel en bronze doré; le cadran porte la signature de Leblond aîné, à Paris, et est posé sur deux volutes s'accordant par le bas et terminées par une tête de bélier. Cette pendule est surmontée d'un buste d'empereur romain. Haut. 80 cent.

2326 — Pendule en bronze doré; boîte ronde soutenue par deux volutes de feuilles d'acanthe qui reposent sur une bordure de feuillage. Mouvement d'Étienne Lenoir, à Paris. Haut. 54 cent., long. 48 cent.

SERRURERIE

2327 à 2329 — Serrure en fer poli et ciselé exécutée dans le siècle dernier pour un roi d'Espagne, comme l'indiquent le lion de Léon, le château de Castille, les fleurs de lis de Bourbon et les couronnes royales qui figurent dans l'ornementation. L'auteur de ce remarquable ouvrage est un Français nommé Jean Dutartre. Haut. 17 cent., larg. 29 cent. La clef, richement ciselée, est surmontée d'une couronne fermée, posée au-dessus d'un château que supportent deux lions héraldiques. On lit en lettres d'or deux fois répétés : *Vive le roi*. Haut. de la clef 13 cent.

Le cache-entrée de serrure est formé de deux lions héraldiques soutenant un écusson.

2330 — Clef dorée des chambellans, avec les armoiries et les insignes de l'empereur Charles VII. Long. 18 cent.

2331 — Autre clef de chambellan en cuivre doré, aux armes de Bavière. Long. 19 cent.

2332 — Clef de chambellan en cuivre doré, aux mêmes armes que la précédente. Long. 19 cent.

2333 — Clef de chambellan en cuivre doré, aux armes de Saxe.

2334 — Autre clef de chambellan aux mêmes armes.

2335 — Clef de chambellan en cuivre doré, décorée de la roue, symbole héraldique des électeurs de Mayence, surmontée de la couronne électorale.

2336 — Clef de chambellan en cuivre doré, à peu près semblable.

2337 — Clef de chambellan en cuivre doré, ornée d'un chiffre et de la couronne électorale.

2338 — Autre; en cuivre doré comme la précédente.

2339 — Une paire de ciseaux en fer, ornés de rinceaux finement ciselés en relief. Ouvrage du seizième siècle. Long. 17 cent.

2340 — Écaille. — Tabatière carrée garnie en or, dont le couvercle est orné du portrait du maréchal de Turenne, par Petitot. Très-belle peinture. Cette tabatière a appartenu à Sa Majesté l'empereur Napoléon Ier. Un certificat accompagne cette précieuse boîte et prouve sa provenance.

2341 — Écaille. — Tabatière ronde, ornée du portrait de Sa Majesté l'empereur Napoléon Ier, par Isabey.

2342 — Écaille. — Tabatière de forme ronde, ornée du portrait de Rubens, en miniature.

2343 — Jaspe sanguin. — Tabatière carrée; monture à cage en or ciselé, enrichie de diamants.

2344 — Malachite. — Tabatière octogone; monture à cage en or ciselé, enrichie d'émaux, par Ouizille, bijoutier à Paris. Boîte remarquable par la beauté de la matière et la richesse de la monture.

2345 — Prisme d'améthyste et agate. — Boîte ronde à cuvette; monture en or ciselé du temps de Louis XVI.

2346 — Jaspe veiné de Russie. — Tabatière ovale à cuvette, garnie en or. Le couvercle est orné de trois papillons en mosaïque en relief. Travail de Saxe.

2347 — Écaille. — Tabatière ronde, à gorge en or; le couvercle est orné d'une mosaïque de Florence en jaspe gris et lapis, d'un travail remarquable.

2348 — Caillou d'Égypte. — Boîte à cuvette à pans coupés; monture en or de couleur ciselé, du temps de Louis XVI.

2349 — Bois pétrifié. — Tabatière à pans coupés; monture à cage en or finement ciselé du temps de Louis XVI.

2350 — Mosaïque en relief. — Très-belle boîte de forme ovale, en jaspe sanguin, entièrement couverte de bouquets de fleurs; mosaïque en relief exécutée en matières précieuses avec une rare perfection de travail. Monture en or de couleur ciselé, du temps de Louis XVI.

2351 — Or. — Tabatière décorée d'une peinture grisaille, sous verre, par Langlois; sujet de la marchande d'Amours. Monture du temps de Louis XVI.

2352 — Or. — Tabatière de forme rectangulaire à coins coupés, s'ouvrant sur les deux faces, décorée de miniatures sous verre, imitant les camées de Parent, représentant Homère aveugle mendiant, et Virgile lisant son Énéide; devant, Auguste et la famille de l'empereur.

2353 — Or. — Boîte à cure-dents, à pans coupés, décorée de deux grisailles sous verre, par Langlois. Monture en or du temps de Louis XIII.

2354 — Or. — Tabatière de forme oblongue, ornée de ciselures en or de couleur.

2355 — Or. — Autre tabatière ovale du temps de Louis XVI. Ciselée.

2356 — Or. — Tabatière oblongue à pans coupés, ornée d'émaux à guirlandes de fleurs.

2357 — Vermeil. — Boîte à odeur, en forme de baril.

2358 — Écaille. — Boîte à fiches de forme oblongue, divisée en quatre compartiments qui contiennent chacun une boîte plus petite renfermant des fiches, jetons et contrats, aussi en écaille; on lit sur les jetons des devises plaisantes. Cette boîte est décorée d'incrustations en nacre de perle et d'or. Le dessus offre un paysage avec des bergères, dont les personnages sont en or. A l'intérieur, un plateau du même travail représente des personnages mythologiques. A l'intérieur d'une petite boîte, on lit : J. SARAOF, à Naples.

2359 — Or. — Souvenir ciselé du temps de Louis XVI; on lit dessus : *Souvenir d'amitié.*

2360 — Or. — Boîte à cage émaillée du temps de Louis XVI, ornée de plaques en laque du Japon à fond d'or, de la plus belle qualité.

2361 — Écaille. — Boîte de forme carrée à coins arrondis, garnie en or, enrichie de deux plaques en piqué riche sur écaille.

2362 — Écaille. — Boîte ronde; le couvercle est orné d'une plaque en laque du Japon d'une très-belle qualité, enrichie d'oiseaux et de fleurs en argent en relief.

CURIOSITÉS CHINOISES

2513 — Cornaline rouge veiné de blanc. — King-Yeou, personnage dont le nom signifie l'Ami du bonheur. Haut. 8 cent.

2514 — Jade violacé. — Le même personnage que ci-dessus. Haut. 7 cent.

2515 — Cornaline blanche et rouge. — Même personnage. Haut. 6 cent.

2516 — Cristal de roche. — Le même personnage, tenant une gourde. Haut. 8 cent.

2517 — Jade vert. — Personnage barbu et debout, portant un enfant et un rameau chargé de fruits. Haut. 5 cent.

2518 — Cornaline rouge. — Personnage debout, sur un animal chimérique. Haut. 5 cent.

2519 — Cornaline. — Homme debout, vêtu d'une longue robe. Haut. 8 cent.

2520 — Lapis-lazuli. — Personnage debout, tenant des pièces de monnaies enfilées; un crapaud grimpe après le fil. Haut. 7 cent.

2521 — Lapis-lazuli. — Chinois debout; des caractères sont gravés sur le dos de ce personnage. Haut. 6 cent.

2522 — Lapis-lazuli. — Chinois debout, tenant un chasse-mouches. Haut. 6 cent.

2523 — Cornaline rouge et blanche. — Chinois accroupi. Haut. 3 cent.

2524 — Lapis-lazuli. — Chinois accroupi, tenant un sceptre. Haut. 4 cent.

2525 — Lapis-lazuli. — Chinois accroupi, portant un vase. Haut. 6 cent.

2526 — Cristal de roche. — Femme chinoise assise, tenant un chapelet. Haut. 14 cent.

2527 — Cornaline rouge. — Groupe de deux enfants. Haut. 5 cent.

2528 — Agate blanche. — Enfant tenant une corbeille sur l'épaule. Haut. 14 cent.

2529 — Cornaline rouge et blanche. — Lionne et lionceau accroupis.

2530 — Cornaline rouge et blanche. — Animal chimérique.

2531 — Pierre de lard. — Chinois assis, vêtu d'une longue robe dont la bordure porte un dessin de broderie très-finement gravé. Très-beau travail.

2532 — Cornaline onyx. — Fruit entouré de feuilles, avec scarabée.

2533 — Cornaline rouge. — Feuille de lotus avec un crabe.

2534 — Cornaline rouge et blanche. — Feuille de lotus avec deux sarcelles en relief.

2535 — Cornaline rouge et blanche. — Bouquet de fleurs sculptés en relief.

2536 — Cornaline rouge et blanche. — Plaque de ceinture avec relief léger, représentant une biche constellée avec des caractères.

2537 à 2539 — Cornaline. — Trois fruits.

2540 — Jade vert. — Plaque rectangulaire, offrant, d'un côté, un dragon découpé et gravé; au revers, des branchages finement découpés à jour.

2541 — Jade vert. — Plaque carrée du même genre que la précédente.

2542 — Jade vert. — Branche de courge chargé de trois fruits.

2543 — Jade gris. — Vase à quatre lobes, décoré de palmettes gravées.

2544 — Jade verdâtre. — Coupe figurant une fleur et lotus. Haut. 10 cent., diam. 13 cent.

2545-2546 — Jade blanc. — Deux présentoirs à bords divisés en six cartouches chargés d'ornements travaillés à jour, sur pied cylindrique du même travail. Haut. 6 cent., diam. 15 cent.

2547 — Jade vert. — Vase formé d'une large feuille repliée sur elle-même, qui s'élève d'un rocher entouré d'arbrisseaux et d'oiseaux. Haut. 21 cent.

2548 — Jade vert. — Théière en forme de disque ; l'anse formée par un dragon sculpté et découpé dans la masse ; le goulot est formé par un oiseau chimérique ; sur chacune des deux faces est sculpté le dragon impérial. Haut. 18 cent.

2549 — Jade blanc. — Vase de forme aplatie à deux anses prises dans la masse, orné d'anneaux mobiles. Haut. 22 cent., larg. 14 cent.

2550 — Jade vert d'eau. — Coupe à deux anses découpées à jour dans la masse, figurant des branches de fleurs de pêcher ; un paysage légèrement en relief décore la panse. Diam. 8 cent.

2551 — Jade verdâtre. — Coupe ronde à deux anses, à peu près semblable à la précédente.

2552-2553 — Jade blanc. — Deux clavettes pour fermer des coffrets.

2554 — Jade verdâtre. — Plaque hémisphérique, travaillée à jour et figurant une fleur.

2555 — Jade blanc laiteux. — Coupe de forme ronde et évasée

sur pied cylindrique. Très-belle matière. Haut.
10 cent., diam. 12 cent.

2556 — Jade. — Coupe représentant une fleur de lothus à demi épanouie ; sur pied en bois noir représentant la même fleur. Haut. 14 cent., long. 23 cent.

2557 — Agate orientale mamelonnée et veinée de rougeâtre. — Coupe sans anses. Haut. 9 cent., diam. 8 cent.

2558 — Agate mamelonnée et arborisée. — Tasse avec soucoupe dont le bord est garni en vermeil. Diam. 7 cent., et soucoupe 11 cent.

2559 — Agate blanche mamelonnée. — Tasse et soucoupe. Haut. 5 cent., diam. 9 cent.; soucoupe, diam. 11 cent.

2560 — Agate mamelonnnée et arborisée. — Coupe lobée munie d'une anse formée par des branches découpées à jour et prises dans la masse. Haut. 4 cent., long. 11 cent.

2561 — Même matière. — Coupe de forme hémisphérique. Haut. 6 cent. 1/2, diam. 11 cent.

2562 — Même matière. — Gobelet. Haut. 11 cent., diam. 9 cent.

2563 — Même matière. — Tasse sans anse, avec bordure en vermeil. Haut. 4 cent.

2564 — Agate veinée. — Tasse de forme semi-ovoïde. Haut. 5 cent., diam. 8 cent.

2565 — Même matière. — Soucoupe avec bordure festonnée en vermeil. Diam. 12 cent.

2566 — Agate brune. — Coupe semi-ovoïde. Haut. 4 cent. 1/2, diam. 8 cent. 1/2.

2567 — Même matière. — Coupe semblable.

2568 — Agate mamelonnée. — Tasse de forme hémisphérique. Haut. 3 cent., diam. 6 cent.

2569 — Agate mamelonnée. — Tasse à deux anses, formées par des dragons. Haut. 4 cent., diam. 6 cent.

2570 — Agate veinée de blanc et de brun. — Plaque ovale à godron. Long. 14 cent., larg. 10 cent.

2571 — Agate veinée de rouge et de blanc. — Flacon figurant un fruit. Haut. 7 cent.

2572 — Agate veinée à plusieurs couches. — Flacon figurant un scarabée. Long. 5 cent.

2573 — Cristal de roche enfumé. — Flacon de forme ovoïde allongée; l'anse est figurée par un lion qui plonge son mufle dans une gourde, au-dessous de laquelle est placée une bourse brodée. Haut. 10 cent.

2574 — Même matière. — Sceptre ou iombek, figurant une branche d'arbuste. Long. 38 cent.

2575 — Même matière. — Vase à panse aplatie à deux anses formées par des dragons. — Haut. 17 cent.

2576 — Même matière. — Vase à eau pour artistes, représentant un fruit entouré de branchages et de deux chimères. Haut. 6 cent., diam. 10 cent.

2577 — Cristal de roche. — Autre vase à même usage, représentant un fruit entouré de rameaux; le bouton du couvercle est figuré par un écureuil. Haut. 6 cent., long. 9 cent.

2578-2579 — Cristal de roche nébuleux. — Deux coupes de forme ronde et évasée, avec couvercles. Haut. 7 cent., diam. 13 cent.

2580 — Cristal de roche. — Cachet de forme rectangulaire, avec caractères en intaille. Haut. 6 cent.

2581 — Cristal de roche. — Socle de forme rectangulaire.

2582 — Malachite. — Groupe de deux fruits (la main de Fo). Haut. 7 cent.

2583. — Même matière. — Feuille de vigne sur laquelle est un écureuil. Haut. 7 cent.

2584 — Pierre de lard translucide. — Grappe de raisin en haut relief sur une feuille de vigne. Long. 17 cent.

2585 — Schiste argileux à quatre couches. — Écran sculpté en relief à la manière des camées, représentant un paysage orné de pagodes et de plusieurs kiosques; pied en bois. Haut. totale 89 cent., larg. 85 cent.

2586 — Corne de rhinocéros. — Coupe figurant le calice d'une fleur, avec la tige sculptée à jour. Haut. 18 cent.

2587 — Même matière. — Autre coupe figurant une fleur; l'anse est formée par une chimère sculptée à jour. Haut. 20 cent.

2588 — Corne de rhinocéros. — Coupe décorée de raisins et de pampres en relief, avec un écureuil, sur socle en bois. Long. 17 cent.

BRONZES

2589 — Déesse vêtue d'une longue robe et ornée d'un collier, coiffée d'une couronne de fleurs ; sur ses genoux un jeune enfant nu. Haut. 28 cent.

2590 — Statuette représentant la même déesse, avec quelques variantes, sur socle en bois noir. Haut. totale 16 cent.

2591-2592 — Le philosophe *Laô-Tseu*, assis sur un buffle. Haut. 17 cent., et un autre personnage également assis sur un buffle.

2593 — Chinois debout avec une longue robe richement brodée, figurine d'un bon style et d'une fine ciselure. Haut. 19 cent.

2594 — Guerrier tartare, assis sur un rocher, couvert d'une peau de lion ; un rubis décore sa cuirasse, ce qui rappelle l'égide antique ; bronze d'ancien style à patine noire, Haut. 15 cent.

2595 — Soldat tartare, le casque en tête. Haut. 15 cent., et un Chinois accroupi tenant une boule dans la main droite. Haut. 6 cent.

2596-2597 — Deux poulains accroupis en pendants. Haut 7 cent.

2598-2599 — Deux cerfs accroupis se faisant pendant. Haut. 8 cent.

2600-2601 — Deux flambeaux, tige à balustre, sur laquelle

s'enroule un dragon; la base est un large plateau orné de feuillages et de fruits ciselés en creux. Haut. 66 cent., diam. 33.

2602 — Tamtam mâle, avec son pied en bois. Diam. 50 cent.

2603 — Ting, vase à parfums, forme d'abricot-pêche, avec couvercle composé de fruits; pied en bois noir figurant des branches. Haut. 26 cent., larg. 35 cent.

2604 — Autre vase à parfums de même forme, le fruit de longévité; sur plateau en bronze figurant une feuille. Haut. 11 cent.

2605 — Vase à parfums, forme de fruit (la main de *Fo*); socle en bois noir. Haut. 11 cent.

2606 — Autre vase à parfums à peu près semblable; socle en bois noir. Haut. 10 cent.

2607 — Bronze revêtu de dorure, cassolette figurant une chimère. La tête forme le couvercle. Haut. 14 cent.

2608 — Brûle-parfums, figurant le crapaud symbolique à trois pattes. Haut. 11 cent., long. 16 cent.

2609 — Vase à parfums en forme de chimère accroupie; ciselure d'une grande finesse; socle en bois. Haut. 13 cent.

2610 — Vase en forme de chimère, reposant sur un socle en bois noir et portant une corne renversée sur le fond et un collier. Haut. 17 cent.

2611-2612 — Deux vases de forme ovoïde allongée; les anses sont formées par des branches de pêcher et des feuilles de bambou; pied en bois noir. Haut. 7 cent.

2613 — Vase à long col, bronze de patine noir, avec taches dorées, sur socle en bois sculpté à jour. Haut. 16 cent.

2614-2615 — Deux vases de forme hexagone, décorés d'un côté d'une chimère, et de l'autre, d'une fleur; les anses à tête de chimère avec anneau mobile. Haut. 23 cent.

2616-2617 — Une paire de vases à pans; sur l'une des faces en relief, un oiseau sur une branche; sur l'autre des collines. Muni de petites anses. Haut. 14 cent.

2618 — Vase à panse aplatie, orné de deux petites anses, sur socle en bois. Haut. 14 cent.

2619 — Bassin de forme hexagone, porté sur cinq pieds, et décoré de méandres en relief. Haut. 8 cent., diam. 24 cent.

ÉMAUX

2620-2621 — Émail cloisonné. — Deux grands et beaux vases pyriformes décorés de fleurs de diverses couleurs, sur fond bleu d'azur, avec anses à mufles de lion et anneaux mobiles. Haut. 56 cent.

2622-2623 — Émail cloisonné. — Deux autres magnifiques vases de même forme et fabrique. La décoration, sur fond noir, offre des raisins et des fleurs épanouis et des dragons au milieu de nuages et de rochers; les anses sont formées par des papillons. Haut. 55 cent.

2624 — Émail cloisonné. — Bassin de forme circulaire à bords plats, avec sujet représentant un papillon, devant lequel est un philosophe entouré de disciples; sur fond bleu. Pièce remarquable. Diam. 36 cent.

2625-2626 — Émail cloisonné. — Deux assiettes à bords festonnés, ornements de diverses couleurs, au milieu desquels on distingue une cigogne et trois fleurs. Diam. 27 cent.

2627-2628 — Émail cloisonné. — Deux plateaux de même forme, à bords droits, avec rinceaux de diverses couleurs sur fond bleu. Long. 13 cent.

2629 — Émail cloisonné. — Vase pyriforme à col allongé, décoré d'arbustes sur fond bleu. Haut. 35 cent.

2630 — Émail cloisonné. — Vase hémisphérique à col en forme de cornet, décoré de dragons et de feuillages sur fond bleu. Haut. 34 cent.

2631-2632 — Émail cloisonné. — Paire de vases pyriformes à couvercle, fond bleu, ornés de fleurons et palmettes de couleurs vives; sur socle en bois. Haut. totale 33 cent.

2633-2634 — Émail cloisonné. — Paire de flambeaux dont la tige est divisée par un bassin décoré de rosaces de diverses couleurs sur fond bleu; sur socle en bois. Haut. 18 cent., diam. 10 cent.

2635 — Émail cloisonné. — Une gaîne renfermant un étui en

cuivre doré, avec glands en soie jaune. Hauteur 12 cent.

2636 — Émail cloisonné. — Corbeille de forme ronde avec deux rangées d'émaux entrelacés et découpés à jour, et décorée de guirlandes de fleurs de couleurs diverses sur fond blanc. Haut. 15 cent., diam. 30 cent.

STATUETTES EN BOIS

2637 — L'empereur de la Chine assis sur un banc avec marche-pied ; il porte une couronne et est revêtu des habits impériaux. Très-bon travail. Haut. 15 cent.

2638 — Chinois la tête nue, riant, assis sur un crapaud à trois pattes ; socle en bois noir sculpté à jour. Haut. 13 cent.

2639. — Chinois barbu, debout, tenant le fruit de longévité ; sur socle en bois noir. Haut. 14 cent.

2640 — Chinois debout, tenant un chasse-mouche en bois de santal. Haut. 16 cent.

2641 — Chinoise debout, tenant une corbeille et un sceptre ; bois de bambou. Haut. 16 cent.

2642 — Enfant couché sur le dos d'un buffle ; racine de bambou sur socle en laque. Haut. 5 cent., larg. 7 cent.

2643 — Sceptre ou jombek, en bois noir, avec ornements très-fins incrustés en argent, décoré de trois plaques en lapis-lazuli chargé de symboles et de caractères. Long. 48 cent.

2644 — Autre sceptre, en bois de santal, figurant une tige sarmenteuse sculptée à jour. Long. 33 cent.

LAQUE DE CHINE

2645 — Boîte de forme rectangulaire, fond noir à dessins d'or, représentant des paysages.

2646 — Boîte de même forme, fond noir, représentant des paysages ; à l'intérieur, quatre petites boîtes à fond d'or.

PORCELAINE DE CHINE

2647-2648 — Groupe de deux hommes assis, en bleu turquoise, avec tube pour recevoir les bâtons à parfums. Haut. 7 cent.

2649-2650 — Deux magnifiques chimères, en porcelaine céladon, de deux couleurs, au grand feu, violet et bleu turquoise ; auprès de la femelle est une petite chimère ; auprès du mâle une boule découpée à jour ; les piédestaux sont violets. Ces pièces remarquables sont d'une parfaite conservation et de la plus belle qualité.

2651 — Autre chimère, semblable à celle du n° 2649. Haut. 14 cent.

2652-2653 — Deux chimères en pendant, céladon bleu turquoise ; l'une, la griffe posée sur une boule, et l'autre ayant auprès d'elle une petite chimère ; derrière chacune d'elles un cornet destiné à soutenir un bâton de parfum ou des fleurs ; les piédestaux sont violets. Haut. 19 cent

2654-2655 — Une paire de chimères accroupies, bleu turquoise, avec tubes pour bâtons à parfums. Haut. 3 cent.

2656-2657 — Une paire de chimères semblables aux précédentes.

2658-2659 — Deux autres accroupies, en porcelaine bleu turquoise.

2660-2661 — Deux chimères assises, bleu turquoise, socles violets. Haut 19 cent.

2662-2663 — Une paire de chimères accroupies, en bleu turquoise, avec tubes pour recevoir les bâtons à parfums. Haut. 5 cent.

2664 — Perroquet en céladon violet, sur rocher bleu turquoise. Haut. 19 cent.

2665 — Autre perroquet en céladon. Haut. 5 cent.

2666 — Moineau, en gros bleu flambé. Haut. 8 cent.

2667-2668 — Deux chats assis, en bleu turquoise. Haut. 7 cent.

2669 2670 — Deux autres chats semblables.

2671 — Un poisson chimérique, formant porte-pinceaux, en céladon bleu turquoise. Haut. 6 cent.

2672-2673 — Une paire de porte-pinceaux, en forme de poissons chimériques. Haut. 6 cent.

2674-2675 — Deux autres porte-pinceaux semblables.

2676 — Vase pyriforme allongé, céladon fond bleu turquoise, décoré en relief. Pièce remarquable par son volume et sa belle qualité; sur pied en bois noir. Haut. totale 68 cent.

2677-2678 — Paire de vases de forme ovoïde, en céladon bleu clair, avec deux anses à méandres en relief de couleur brune, dont la panse et le col sont décorés de vases avec fleurs et arbustes sur fond brun. Haut. 86 cent.

2679 — Vase de forme ovoïde, fond bleu clair, orné de trois bandes circulaires fond noir, décoré de fleurs et de dragons. Haut. 83 cent. Socle en bronze.

2680-2681 — Paire de vases de forme ovoïde allongée, fond bleu turquoise, décorés de réseaux violets et semés de fleurs de pêcher; au milieu un médaillon représentant l'Empereur à cheval et l'Impératrice assise dans une brouette que poussent ses serviteurs. Au revers l'Impératrice, assise sur son trône, entourée de sa cour. Haut. 63 cent. Les sujets de ces deux vases sont semblables, mais disposés de manière à se faire pendant; ils sont montés en bronze doré et portent des bouquets destinés à recevoir des lumières.

2682-2683 — Une paire de vases biformes, à angles aigus en céladon craquelé gris, décors camaïeu bleu; les anses formées par des trompes d'éléphants émaillées en bleu clair. Haut. 58 cent. Monture en bronze doré, avec bouquets pour former candélabres.

2684-2685 — Deux vases de forme ovoïde, fond bleu clair, décorés de bouquets de fleurs en camaïeu bleu foncé. Monture en bronze doré. Haut. 55 cent.

2686-2687 — Deux autres, forme cornet, avec renflement au milieu, céladon vert clair, décorés de fleurs et de rinceaux gravés à la pointe, montés en bronze doré. Haut. 52 cent.

2688 — Vase de forme ovoïde à côtes, avec anses carrées, en porcelaine céladon violet jaspé, monture en bronze doré. Ce vase renferme une pendule. Haut. 56 cent.

2689 — Vase de forme semi ovoïde à col allongé, fond rouge jaspé, grand feu, monture en bronze doré. Deux têtes de satyres sur guirlandes de vignes figurent les anses. Haut. 47 cent.

2690 — Vase de forme ovoïde, à col allongé, céladon bleu turquoise, craquelé et flambé de gros bleu. Monture en bronze doré d'une grande finesse. Haut. 45 cent.

2691 — Vase avec couvercle, de forme ovoïde, céladon gros bleu, semé de fleurettes et de papillons en couleurs variées; porcelaine rare et d'ancienne fabrique. Monture en bronze doré. Haut. 44 cent.

2692-3693 — Une paire de vases de forme ovoïde, en céladon

bleu clair, moucheté d'émail vert d'eau, avec chrysanthème rouge, blanc et jaune. Monture en bronze doré. Haut. 32 cent.

2694 — Vase du même genre que les précédents. Haut. 20 cent.

2695 — Vase de forme rectangulaire allongée, gros bleu ; deux mufles de lions, avec anneaux, figurent les anses. Sur socle en bois noir travaillé à jour. Haut. 40 cent.

2696 — Vase pyriforme, sans anses, céladon gris verdâtre, décoré de chimères ailées et de nuages de diverses couleurs. Monture en bronze doré. Haut. 34 cent.

2697 — Vase figurant une coupe à côtes, en céladon. Belle monture en bronze doré, du temps de Louis XV. Vase rare et précieux. Haut. 33 cent.

2698-2699 — Deux vases pyriformes, avec anses formées par des têtes d'éléphants, en céladon craquelé, décor de paysage en camaïeu bleu. Haut. 35 cent. Monture en bronze doré.

2700 — Vase de forme bizarre, en céladon, décoré de nuages et de flots légèrement en relief ; le couvercle est orné d'une rosace. Monture en bronze doré. Haut. 35 cent.

2701-2702 — Paire de vases à panse comprimée horizontalement et long col ; porcelaine fond jaune, décorée de dragons émaillés en vert, de flots et de nuages émaillés en gris. Haut. 27 cent.

2703-2704 — Deux vases forme bouteille, en porcelaine céladon vert d'eau, à côtes légèrement indiquées sous l'émail, belle et ancienne qualité. Montés en bronze doré. Haut. 29 cent.

2705 — Vase de forme ovoïde, en porcelaine bleu jaspé. Haut. 24 cent.

2706-2707 — Deux vases de forme hexagone allongée, fond bleu turquoise, décorés d'ornements et de fleurs gravées à la pointe. Haut. 28 cent. Monture en bronze doré; sur socle en porphyre rouge oriental.

2708 — Vase fond bleu turquoise, légèrement craquelé. Haut. 26 cent.

2709-2710 — Deux vases forme gourde, porcelaine céladon gaufrée, rehaussée de bouquets d'oiseaux émaillés de plusieurs couleurs. Monture en bronze doré. Haut. 26 cent.

2711 — Vase forme cornet, avec renflement vers la base, céladon bleu d'empois. Haut. 24 cent.

2712-2713 — Deux vases d'appliques, formé par des tiges de bambou et de feuillages. Monture en bronze doré. Haut. 21 cent.

2714-2715 — Deux vases céladon gros bleu jaspé, à panses sphériques. Haut. 21 cent.

2716 — Vase de forme ovoïde allongée, porcelaine dite coquille d'œuf, décoré d'une peinture très-fine, représentant un sujet de la vie privée.

2717-2718 — Deux vases décorés de fleurons ménagés en blanc et rehaussés de couleur rouge rouille. Haut. 20 cent.

2719-2720 — Deux vases en porcelaine, fond rouge, ornés de grues et de médaillons en relief dorés, avec le symbole du bonheur; intéreiur émaillé bleu turquoise. Haut. 20 cent.

2721 — Vase de forme cylindrique, fond violet, orné de palmettes gravées, monté en bronze doré. Haut. 33 cent. diam. 20.

2722-2723 — Deux vases de forme hexagone en porcelaine céladon vert, montés en bronze doré. Haut. 19 cent.

2724 — Vase à six pans, forme cornet, céladon bleu turquoise avec feuillage en relief. Haut. 15 cent.

2725 — Vase rustique de forme carrée, fond violet, porté sur quatre pieds; les anses sont figurées par des branches de pêcher. Haut. 13 cent., long. 13 cent. Socle en bois.

2726 — Vase en craquelé truité; les anses sont figurées par des têtes d'éléphants, et la panse est décorée de chevaux dans diverses poses, en camaïeu bleu. Haut. 13 cent. Sur socle en bois.

2727 — Vase en céladon bleu turquoise, de forme ovoïde, sans anse. Haut. 14 cent.

2728 — Vase de même forme que le précédent, de couleur verte.

2729 — Pi-tong composé de bambous liés par des branchages, céladon bleu turquoise. Haut. 11 cent.

2730 — Coupe en forme de coquillage, sur trois pieds, céladon bleu turquoise. Haut. 13 cent.

2731 — Coupe en forme de feuille, porcelaine céladon, avec scarabée de ronde bosse. Long. 11 cent., larg. 7 cent.

2732 — Une coupe forme de fruit, céladon bleu turquoise, d'ancienne qualité. Haut. 12 cent., long. 25 cent.

2733-2734 — Deux coupes, forme de fruit, émaillées en rouge jaspé; l'anse est formée par la tige; socle et couvercle en bronze doré et ciselé. Haut. 5 cent., long. 12 cent.

2735 — Vase en craquelé gris à deux anses formées par des mufles de lion, couleur bronze. Haut. 12 cent., diam. 20 cent.

2736 — Théière en forme d'abricot-pêche, en céladon bleu turquoise; l'anse et le goulot sont formés par les tiges de l'arbuste et sont émaillés en violet et les feuilles en vert. Cette théière, de très-ancienne fabrication, s'emplit par le dessous. Haut. 15 cent.

2737 — Bol avec soucoupe, fond jaune, avec ornement gravé à la pointe et fleurs peintes. Haut. 7 cent.

2738 à 2740 — Trois bols avec leurs soucoupes en craquelé truité de teintes roses. Haut. 7 cent., diam. 17 cent.

2741-2742 — Deux bols avec soucoupes, porcelaine fond blanc, décorés intérieurement de fleurs, et à l'extérieur de paysages; les soucoupes offrent des scènes galantes.

2743 — Bol et soucoupe, porcelaine très-légère à fond blanc, décorée de sujets chinois.

2744 — Bol avec soucoupe, avec peintures à sujets.

— 228 —

2745 — Autre bol, décoré de sujets de la vie privée. Sous la base des inscriptions en caractères chinois.

2746 — Bol avec couvercle et soucoupe fond blanc, décoré de peintures très-fines. Sujets de la vie privée.

2747 — Bol fond gros bleu violacé, belle monture en bronze doré du temps de Louis XV. Haut. 15 cent.

2748 — Tasse à couvercle et soucoupe en craquelé truité, décorés d'ustensiles de la même couleur.

2749 — Tasse à couvercle et soucoupe, fond blanc, décorés d'arbustes et de papillons.

2750-2751 — Deux plateaux ronds, fond amaranthe, avec médaillon à fond blanc, sur lequel sont peints un coq et des fleurs. Diam. 40 cent.

2752-2753 — Deux autres, ronds, fond blanc, décorés de sujets chinois. Diam. 34 cent.

2754 — Plateau de même forme, avec un décor analogue. Diam. 36 cent.

2755 — Autre plateau de même genre. Diam. 35 cent.

2756-2757 — Deux plateaux ronds, bleu lapis; au milieu un médaillon octogone à sujet chinois. Diam. 40 cent.

2758-2759 — Deux autres, fond bleu lapis, avec médaillon à paysage. Diam. 41 cent.

2760 — Autre plateau à peu près semblable; le médaillon représente une scène galante. Diam. 40 cent.

2761 — Plat creux, décoré de fleurs rehaussées d'or. Diam. 38 cent.

2762 à 2765 — Quatre assiettes décorées de sujets de la vie privée très-finement peints. Diam. 21 cent.

2766-2767 — Deux assiettes semblables, avec sujets différents.

2768 — Autre assiette à peu près semblable.

2769-2770 — Deux autres également décorées de sujets.

2771 — Autre assiette.

2772-2773 — Deux assiettes avec sujets de la vie privée.

2774-2775 — Deux assiettes semblables aux précédentes, avec des sujets variés.

2776-2777 — Deux assiettes avec sujets familiers.

2778 — Autre assiette du même genre.

2779 — Assiette à bord festonné, décorée de fleurs.

2780-2781 — Deux autres assiettes à bords festonnés, décorées de fleurs en camaïeu rouge rehaussé d'or.

2782-2783 — Deux assiettes décorées de bouquets de fleurs.

2784 à 2788 — Cinq assiettes décorées de fleurs et de rosaces en blanc mat et de cartouches sur lesquels des bouquets peints en or.

2789 — Vase forme gourde à côtes. bleu jaspé. Haut. 25 cent.

2790 — Vase pyriforme craquelé, gris rosé. le goulot garni en bronze. Haut. 23 cent.

2791 — Cornet cylindrique à côtes, en craquelé bleu clair. Haut. 22 cent., diam. 21 cent.

2792 — Coupe craquelée, de couleur gris perle, portée sur trois pieds, monture en bronze doré, avec dorure à jour.

BRONZES

2793 — Déesse assise à terre, revêtue d'une longue robe. Bronze de belle patine jaune et de bon travail. Haut. 15 cent.

2794 — Vase en forme de cornet évasé, décoré de palmettes et fleurons damasquinés en argent. Haut. 25 cent.

2795 — Vase à panse aplatie et long col, anse en forme de tube, bronze très-ancien, décoré d'ornements damasquinés en argent. Haut. 14 cent.

2796 — Vase de forme ovoïde, décoré de rinceaux damasquinés en argent. Sous la base, marque de fabrique en caractères japonais. Haut. 14 cent.

2797 — Vase à couvercle, décoré d'ornements et de grues damasquinés en argent. Haut. 21 cent.

2798 — Vase de forme ovoïde, à long col, décoré de feuilles de bambou et de grues finement damasquinées en argent. Haut. 11 cent.

2799-2800 — Deux vases de forme cylindrique à couvercles; chacun de ces vases est décoré de deux bas-reliefs représentant des animaux et des arbustes. Haut. 10 cent.

2801 — Brûle-parfums de forme ronde, élevé sur trois pieds, de forme cylindrique, décoré d'ornements damasquinés en argent, avec socle en bois sculpté. Haut. 18 cent.

2802 — Ting de forme ronde à deux anses, sur trois pieds, décoré de rinceaux et de grues damasquinés en argent; il porte la marque de la fabrique; le socle est en bois sculpté à jour. Haut. 13 cent.

2803 — Cassolette damasquinée en or, portée sur trois pieds, avec anses, couvercle et pied en bois noir, sculpté et découpé à jour. Haut. 14 cent,

2804 — Plateau décoré sur les bords d'une grue damasquinée en argent; à l'intérieur un cartouche de fleurs du même travail. Diam. 11 cent.

2805 — Autre plateau de même travail, avec marque de fabrique. Diam. 7 cent.

2806 — Autre plateau du même genre. Diam. 14 cent.

2807 — Pi-tong de forme cylindrique, décoré de tiges de bambou et de caractères damasquinés en argent. Haut. 9 cent.

LAQUES

2808-2809 — Deux petites tables de forme rectangulaire, à décor d'or sur fond noir, représentant des paysages avec fabrique. Haut. 14 cent., long. 39 cent., larg. 25 cent.

2810 — Autre petite table à peu près semblable. Hauteur 35 millim.

2811 — Boîte figurant une barque, sur laquelle est placée une maison à trois compartiments. Le toit de la maison contient quatre petits plateaux, et la maison est décorée en burgaut et or. Haut. 17 cent., long. 40 cent.

2812 — Cantine de forme rectangulaire, composée d'une boîte à quatre compartiments superposés, d'un plateau et d'une espèce de barrique; le tout fond noir, décoré de fleurs en or de couleur. Haut. 27 cent., long. 28 cent. et larg. 15 cent.

2813-2814 — Deux bouteilles de forme rectangulaire, décorées de fleurs en or sur fond noir. Haut. 27 cent.

2815 — Vase de forme cylindrique à couvercle, laque aventuturiné, sur lequel sont représentés en or des thuyas, des bambous et des lit-chis, dont quelques-uns sont en argent. Monture en bronze doré, de travail européen moderne. Haut. 24 cent.

2816 — Vase pyriforme à couvercle, décoré de fleurs et d'oiseaux en or. Haut. 16 cent.

2817-2818 — Deux cassolettes de forme octogone, laque noir décoré de paysages en or; les couvercles sont découpés à jour. Haut. 9 cent., diam. 9 cent.

2819 — Boîte à parfums, de forme rectangulaire, laque aventuriné et décoré de paysages; l'intérieur doublé en cuivre doré. Haut. 8 cent.

2820 — Boîte à parfums carrée, en laque usé, à paysage d'or. Haut. 8 cent.

2821 — Boîte à parfums, de forme hexagone, à cinq compartiments superposés; laque usé décoré de paysages. Haut. 10 cent.

2822 — Boîte étagère; la partie inférieure est garnie d'un plateau et la partie supérieure de trois petites boîtes superposées; très-beau laque du Japon, décoré de rosaces sur fond d'or. Haut. 11 cent.

2823 — Boîte rectangulaire, en laque aventuriné, contenant un plateau et six petites boîtes; l'extérieur est orné de médaillons en or et burgaut. Haut. 11 cent., long. 14 cent. et larg. 12 cent.

2824 — Boîte de même forme, à couvercle convexe, laque aventuriné, orné de petits fleurons d'or en relief. Haut. 6 cent., larg. 6 cent.

2825 — Boîte de même forme, laque aventuriné; sur le couvercle une corbeille de fleurs. Haut. 4 cent.

2826 — Boîte de même forme, en laque usé, décorée sur toutes les faces de paysages. Sur pied en forme de table. Haut. 13 cent., diam. 10 cent.

2827 — Boîte carrée, laque aventuriné, à deux compartiments, décorée de fleurs et d'oiseaux; on y distingue le polonia, marque de la fabrique de l'empereur. Haut. 13 cent.

2828 — Boîte en laque noir, décorée d'arbustes; l'intérieur contient un tiroir en forme de lit; le dessus et l'une des faces sont décorés de caractères découpés à jour. Ces sortes de boîtes servent d'accoudoir. Hauteur 11 cent., long. 22 cent.

2829 — Boîte carrée, laque fond noir, le biseau du couvercle est décoré d'une grue en argent, et le dessus de nuages sur lesquels sont un croissant et des petits clous en argent faisant relief. Haut. 10 cent., long. 17 cent.

2830 — Boîte ronde, laque noir, décorée de trois cigognes et d'arbustes en or; à l'intérieur un petit plateau. Socle à trois pieds également en laque. Haut. 10 cent., diam. 12 cent.

2831 — Boîte ronde, décorée de rosaces et de feuillages. Haut. 8 cent., diam. 12 cent.

2832 — Boîte en laque usé, ornée de kiosques et d'arbustes. Sur socle à quatre pieds. Haut. 11 cent.

2833 — Boîte de forme oblongue, contenant un plateau, laque aventuriné; sur le couvercle et sur les côtés sont figurés en relief une charrette contenant un vase de fleurs et des arbustes, rehaussés de fleurs en argent. Haut. 11 cent., long. 18 cent.

2834 — Boîte oblongue à contours festonnés, laque à fond

noir, décorée de paysage et de personnages en or. Haut. 11 cent., larg. 30 cent.

2835 — Boîte en losange, laque aventuriné, décorée de groupes de grues et de deux barques de pêcheurs. Haut. 11 cent., long. 20 cent.

2836 à 2839 — Deux paires de gaînes en laque usé, décoré de dragons et d'arbustes. Haut. 11 cent.

2840-2841 — Deux plateaux sur pied, de forme conique, portant une petite coupe, laque rouge, décorée de paysages et d'oiseaux en or. Haut. 13 cent.

2842 — Plateau carré, fond noir, décoré d'un paysage en or. Haut. 8 cent. sur 9.

2843 — Plateau en laque noir, paysage en relief. Diam. 33 cent.

2844 — Autre plateau à peu près semblable.

2845 à 2848 — Quatre autres plateaux à peu près semblables.

2849 — Coupe en laque rouge, décorée intérieurement d'un pêcher et d'un thuya en or. Diam. 11 cent.

2850 à 2854 — Cinq autres coupes à peu près semblables.

2855 — Coupe avec couvercle, laque brun décoré d'éventails; l'intérieur est rouge. Diam. 12 cent.

2856 — Coupe en laque rouge; à l'intérieur un pêcher et trois cigognes en or. Diam. 11 cent.

2857-2858 — Deux coupes de forme ronde avec couvercle, laque rouge, décorées de fleurs en or. Diam. 12 cent.

2859-2860 — Deux autres à couvercles, laque noir, décorées de rosaces d'or sur fond noir, rouges à l'intérieur. Diam. 12 cent.

2861-2862 — Deux théières en terre de bocaro rouge laquée en noir, à paysages d'or. Haut. 14 cent.

VASES EN PORCELAINE DU JAPON

2863-2864 — Deux vases approchant de la forme dite Médicis, fond gros bleu, décorés de fleurs et de cartouches ornés d'arbustes; l'intérieur est décoré de fleurs sur fond blanc. Monture européenne, bronze doré. Haut. 32 cent., diam. 38 cent.

2865-2866 — Deux autres de forme ovoïde allongée et à côtes, porcelaine céladon vert d'eau, montés en forme d'aiguière, en bronze doré. Haut. 28 cent.

2867 — Vase pyriforme à une anse, à fond blanc, décoré d'arbustes et de fleurs, divisé en trois cartouches par des bandes perpendiculaires bleues rehaussées d'or. Haut. 23 cent.

2868 — Vase de même forme que le précédent et d'un décor analogue. Haut. 22 cent.

2869 — Coupe en craquelé truité; socle en bois noir découpé à jour; ancienne qualité. Haut. 7 cent., diam. 16 cent.

2870 — Plateau rond, fond bleu, décoré de fleurs, avec emplacement pour recevoir des pots à crème. Diam. 26 cent.

2871 — Plat rond, décoré de figures et de fleurs. Diam. 35 cent.

2872-2873 — Assiette fond rouge, décorée d'oiseaux et de paysages. Diam. 23 cent.

2874 — Assiette fond blanc, dite coquille d'œuf, décorée d'oiseaux et de fleurs. Diam. 21 cent.

2875-2876 — Deux autres assiettes, dites coquille d'œuf, décorées de paysages; au centre, un écusson d'armoiries européennes.

OBJETS DIVERS

2877-2878 — Deux théières de forme ronde aplatie, gris émaillé fin craquelé; anse en osier. Haut. 13 cent.

2879 — Boîte en bronze tonquin, à six pans, avec couvercle orné d'arbustes en relief sur fond d'or. Haut. 3 cent., long. 13 cent.

2880 — Tapis en maroquin rouge, orné de rosaces et d'ornements d'argent en relief, destiné à recevoir le houka. Diam. 67 cent.

ANTIQUITÉS AMÉRICAINES

2881 — Vase en or de forme allongée, sans anses ni couvercle, représentant une tête humaine. Travail au repoussé; or fin pesant. Haut. 24 cent.

ARMES

1882 à 2925 — Panoplie composée de vingt-quatre javelots, un arc, un ceinturon, une ceinture, un carquois, deux masses d'armes, une gibecière, trois couteaux, quatre mocassins, un étui en paille, un sac en peau, un bouclier en bois, un roncal orné de coquillages et deux grands éventails.

2926-2927 — Une paire de pistolets en acier, avec ornements gravés et ciselés en relief; on lit sur le canon la signature de *Lazaro Lazarino*, et sur la bande d'acier qui réunit la gâchette à la crosse la signature *Ottavio Zucholi in Milano*. Ouvrage italien du dix-septième siècle.

ARMES ALBANAISES

2928 — Sabre en damas à lame recourbée; la poignée et la garniture du fourreau en argent ciselé; fourreau en velours vert.

ARMES DE SYRIE

2929 — Casque sarrasin en damas, incrusté de riches damasquins en or, avec inscription arabe. Ce casque est muni de son nasal et de la maille destinée à protéger le cou, ainsi que de deux porte-aigrettes.

ARMES TURQUES

2930 — Marteau d'armes en damas, enrichi d'ornements damasquinés en or; la hampe en bois est revêtue de velours et d'une étroite bande en acier damasquinée d'or.

2931 — Yatagan; la lame, en damas, porte une inscription arabe; poignée en ivoire et fourreau en chagrin avec garniture damasquinée d'or.

2932 — Poignard à large lame recourbée, en damas; la poignée en dent de morse.

2933 — Couteau poignard; lame en damas, avec inscriptions damasquinées en or, et cannelures longitudinales renfermant des perles mobiles; poignée en écaille avec piqué d'or; fourreau en velours vert.

2934 — Couteau, dit poignard de sultane; lame en damas et poignée en jade; fourreau en velours vert.

2935 — Autre poignard semblable; fourreau en velours rouge.

2936-2937 — Deux fers de lance en acier damasquinés en argent.

2938 — Masse d'armes de cérémonie, en cuivre doré.

2939 — Poire à poudre en argent, chargée d'ornements ciselés, dorés, et enrichie de coraux.

2940 — Chargette en argent, avec quelques parties dorées et ornements en corail.

ARMES DE L'INDE

2941 — Sabre en damas; lame recourbée, sur laquelle est une inscription en or; fourreau en chagrin doré.

2942 — Poignard dit cathar; monture en fer ciselé, plaqué d'or; fourreau en velours violet.

2943 — Sabre à lame droite en damas, avec ornements damasquinés en or; poignée en ivoire et garniture damasquinée en or; fourreau en chagrin vert, garni en argent.

2944 — Poignard; la poignée, en jade vert sculpté, représente des fleurs et des fruits, avec garniture en or enrichie de rubis; fourreau en velours rouge.

2945 à 2948 — Cuirasses formées de quatre plaques carrées en damas, couvertes d'inscriptions arabes et d'ornements damasquinés en or. Ces plaques sont munies de leurs boucles du même travail.

2949 à 2952 — Autres cuirasses, à peu près semblables.

2953 — Brassard en damas, avec inscriptions et ornements damasquinés en or; il est garni de sa maille.

2954 — Rondache en damas, avec quatre bossettes ornées d'arabesques damasquinées en or. Diam. 55 cent.

2955-2956 — Deux lances dont la hampe en bois est couverte d'ornements laqués, et le fer flamboyant.

2957 — Fusil de Delhi, canon en damas damasquiné en or. Monture et crosse en bois laqué. Long. 1 m. 68 cent.

2958 — Harpon de cornac en cuivre, enrichi d'incrustations en argent de la plus grande élégance; manche en bois d'ébène. Long. 36 cent.

2959 — Béquillon en bois d'ébène, avec poignée en jade enrichie d'incrustations en or et de turquoises.

2960 — Trousse hindoue; fourreau en cuivre contenant un poinçon en argent, un couteau et une fourchette.

ARMES DE JAVA

2961 — Poignard à lame flamboyante, richement incrustée d'or; la lame est ornée d'un dragon ciselé. Fourreau garni en or.

2962 — Autre poignard à lame flamboyante; poignée et fourreau en bois.

ARMES DE PERSE

2963 — Hache d'armes, ornée d'arabesques ciselées en relief, enrichie de turquoises et de rubis; le manche est garni en fer damasquiné d'or.

2964 — Autre hache d'armes à peu près semblable.

2965 — Hache d'armes en damas, enrichie d'ornements damasquinés en or; manche en bois noir,

2966 — Hache d'armes, damasquinée en argent; le manche est couvert en cuir.

2967 — Masse d'armes persane, damasquinée en or.

2968 — Poignard à lame légèrement recourbée, en damas, ornée d'arabesques damasquinées en or; poignée en jade, ornée de trois rubis; fourreau velours vert.

2969 — Poignard dont la poignée et le fourreau sont en damas, ornés d'incrustations en or et portant une inscription; la poignée, découpée à jour, renferme une petite boule mobile.

2970 — Poignard à lame de damas; la poignée en jade sculpté, et fourreau en velours rouge garni en or.

2971 — Poignard à lame de damas; poignée en agate orientale, garni en fer damasquiné d'or; fourreau en velours rouge, garni en or.

2972 — Amorçoir en damas damasquiné d'or.

ARMES CIRCASSIENNES

2973 — Sabre à lame courbe; poignée et garniture du fourreau en argent niellé. Long. 92 cent.

2974 — Poignard à lame droite, en damas, ornée d'arabesques damasquinées en or, avec inscriptions; la poignée, en dent de morse, est ornée de deux bossettes en fer, damasquinées d'or; fourreau en velours vert, garni en fer damasquiné d'or.

2975 — Poignard à lame droite, en damas, damasquiné d'or; poignée en ivoire avec bossettes; fourreau en velours rouge; garniture en cuivre doré.

2976 — Carabine dont le canon est enrichi d'ornements damasquinés en or; la garniture est en argent doré et niellé, la crosse en bois et ivoire. Long. 1 mètre 39 cent.

2977 — Une paire de pistolets dont les canons et les platines sont damasquinés en or; la monture et la crosse chargés d'ornements en argent doré et niellé.

2978 — Poire à poudre, en dent de morse, garnie en argent doré et niellé.

2979 — Corne à boire, montée en argent ciselé.

ARMES TARTARES

2980 — Poignard à lame de damas, la poignée en cristal vert émeraude avec fleurons en cuivre doré en relief; fourreau en velours rouge; monture en cuivre doré.

2981 — Autre poignard de même forme; la poignée en cristal rouge.

ARMES DE LA CHINE

2982 — Trousse, fourreau en bois de santal finement sculpté, contenant deux baguettes en ivoire et un couteau.

OBJETS ORIENTAUX

2983 — Plaque en cuivre, couverte d'arabesques à dessins champlevés, émaillée de diverses couleurs.

2984 — Bracelet arabe en pâte de verre bleu foncé.

2985 — Corbeille de forme ovale, en filigrane d'argent doré.

2986 — Brûle-parfum sicilien, chrétien, douzième siècle.

2987 — Petite coupe en cristal de roche, ornée de sculptures en relief, d'un travail très-délicat. Diam. 96 millim. Travail de l'Inde.

2988 — Autre coupe en cristal de roche, du même genre de travail. Diam. 8 cent.

2989 — Autre coupe semblable. Diam. 8 cent.

2990 — Coupe basse en cuivre, portant inscription. Diam. 22 cent.

FAIENCES DE PERSE

2991 — Coupe de forme hémisphérique, avec fleurs et feuillages émaillés en couleur vive. Haut. 13 cent., diam. 21 cent.

2992 — Assiette décorée de fruits et de rinceaux ; très-bel émail rehaussé d'or. Diam. 26 cent.

2093 — Autre assiette décorée de fleurs, avec rehaut d'or. Diam. 30 cent.

OBJETS DE L'INDE

2994 — Coupe en jade vert, de forme semi-ovoide, avec couvercle décoré d'ornements en relief; monture moderne en vermeil. Haut. 12 cent., diam. 17 cent.

2995 — Couvercle de vase en jade vert; le bouton est orné d'un rubis. Diam. 8 cent.

2996 — Coupe évasée en jade vert, ornée d'une guirlande de feuillages sculptée dans la masse. Diam. 10 cent.

2997 — Boîte ronde avec couvercle, divisée intérieurement en quatre compartiments; en jade vert. Diam. 9 cent.

2998 — Boucle de ceinture en jade vert décorée de fleurs découpées à jour et enrichie de rubis. Long. 7 cent., larg. 6 cent.

3000 — Bruette à long col recourbé, en jade blanc laiteux, incrustée de rubis et d'émaux de couleur. Très-beau travail. Haut. 18 cent.

3001 — Présentoir de forme circulaire, incrustée de fleurs, espèce de mosaïque en matière précieuse sertie d'un filet d'or. Diam. 23 cent.

3002 — Coupe ovale, à gaudrons, avec une anse en jade gris. Long. 11 cent., larg. 6 cent.

3003 — Coupe ovale à gaudrons fleuronnés. Long. 10 cent., larg. 6 cent.

3004 — Coupe sans anse, en agate orientale mamelonnée blanche. Haut. 10 cent., diam. 13 cent.

3005 — Coupe sans anse, en agate orientale mamelonnée, garnie en argent doré. Haut. 10 cent., diam. 12 cent.

3006 — Cuiller en cornaline, le manche en même matière. Monture en argent doré. Long. 21 cent.

3007 — Main en cornaline, avec manche en agate rubannée. Monture en argent doré. Long. 11 cent.

3008 — Bague en or finement ciselée ; le chaton a la forme d'une rosace composée de cabochons en saphir et en rubis. Fabrique de Delhi.

3009 — Très-beau collier, composé de grains et chaînons en filigrane d'argent. Très-beau travail. Long. 90 cent.

3010 — Intaille sur lapis, représentant Vichnou debout avec les quatre bras symboliques. Monture moderne en or.

3011 — Chien chimérique couché, en cristal de roche enfumé, les yeux en rubis. Long. 12 cent.

3012 — Aiguière à une anse, avec couvercle en jade vert. Haut. 16 cent.

3013 — Jade vert. — Vase en forme de fruits, à côtes ; à deux anses prises dans la masse et orné de palmettes d'un travail très-fin. Le couvercle, orné de fleurs en relief, a le bouton en cornaline rouge et blanche. Haut. 15 cent.

PIERRES GRAVÉES ARABES

3014 — Cornaline. — Distique persan gravé en creux. Diam. 3 cent. 1/2.

3015 — Calcédoine blanche en forme de cœur; talisman arabe.

3016 — Sardoine. — Autre talisman arabe gravé en creux.

3017 — Sardoine. — Petit talisman.

3018 — Agate veinée. — Autre talisman arabe.

3019 — Cornaline. — Autre talisman.

3020 — Camée. — Camée en sardonyx, à deux et à trois couches, représentant le shah de Perse coupant d'un coup de sabre un lion qui dévore un homme.

Ce camée porte en persan les noms du shah et celui de l'artiste.
Monture moderne en or émaillé. Diam. 5 cent.

OBJETS ORIENTAUX EN BRONZE

3021 — Flambeau en cuivre, richement damasquiné d'argent, offrant au pourtour les signes du zodiaque et des inscriptions arabes. Haut. 21 cent.

3022 — Autre flambeau, du même style, décoré d'inscriptions en argent.

3023-3024 — Une paire de flambeaux de forme triangulaire, damasquinés d'or et d'argent, très-riches d'ornementation. Haut. 31 cent.

3025 — Très-beau vase à anse mobile, richement décoré d'arabesques et de sujets à figures sur fond doré. Haut. 22 cent.

3026 — Encrier du sultan Mohammed, fils du sultan Kalaoun. An de Jésus-Christ 1294. Long. 35 cent., larg. 10 cent.

3027 — Espèce de cornet sans fond, en cuivre, couvert d'arabesques et d'inscriptions gravées. Haut. 30 cent.

3028 — Un autre semblable. Haut. 23 cent.

3029 — Vase de forme basse, décoré d'inscriptions et d'arabesques très-finement gravées. Diam. 22 cent.

3030 — Un autre, de même forme, richement damasquiné d'argent. Diam. 21 cent.

3031 — Un autre moins grand, portant des inscriptions, même grandeur.

3032 — Tasse de bain avec goulot, ornement damasquiné en argent. Diam. 11 cent.

3033 — Une autre à peu près semblable. Diam. 13 cent.

3034 — Boule damasquinée argent, avec rosace, repercée à jour.

3035 — Un cercle en cuivre damasquiné d'argent. Diam. 10 cent.

3036 — Boîte avec couvercle damasquinée d'argent. Diam. 31 cent.

3037 — Grand bassin, très-riche d'ornementation, damasquiné en argent. Diam. 30 cent.

3038 — Un autre bassin. Diam. 28 cent.

3039 — Autre bassin de même forme et de même ornementation, mais sans inscription. Diam. 27 cent.

3040 — Tambour couvert d'arabesques et d'inscriptions gravées. Diam. 26 cent.

2041 — Autre tambour plus petit sans arabesques, et portant une inscription gravée au burin. Diam. 21 cent.

3042 — Boîte ronde à couvercle, richement damasquinée en argent. Diam. 13 cent.

3043 — Trépied, brûle-parfums du même travail que les objets qui viennent d'être décrits, mais avec sujets religieux. Haut. 21 cent.

3044 — Deux petites divinités en bronze.

OBJETS MOBILIERS

3045 — Quatre grandes armoires fermant à deux vantaux garnis de glaces, en bois de noyer sculpté, avec moulures et ornements en bois noir, enrichies d'incrustations en marbre et porphyre. Haut. 2 mètres 40 cent., larg. 1 mètre 60 cent.

3046 — Trois grandes vitrines du même style et de la même ornementation, à trois corps; celui du centre est surmonté d'une espèce de coupole richement ornée de sculptures et d'incrustations en bois noir. Cette partie ferme à trois vantaux ornés de glaces, avec colonnettes aux angles. Sa hauteur est d'environ 3 mètres 40 cent.; les deux autres corps sont en aile et en retrait à droite et à gauche, à deux vantaux garnis de glaces, et ne portant que 2 mètres de hauteur; la largeur totale est de 4 mètres 70 cent. environ.

3047 — Deux grandes tables de forme oblongue, à extrémités arrondies, en bois de noyer sculpté, avec entre-jambes, enrichies de sculptures en bois; les tablettes en marbre brèche rougeâtre et veiné, à quarts de ronds et moulures sculptées dans la masse. Haut. 75 cent., long. 1 mètre 70 cent., larg. 80 cent.

3048 — Deux guéridons dont les pieds à balustres sont en bois de noyer sculpté, à moulures en bois noir et tablettes en granit rose d'Égypte. Haut. 90 cent., diam. 65 cent.

3049 — Un marchepied à double rampe, également en bois de noyer.

3050 — Deux vitrines oblongues, à huit pans, de grandeurs inégales, supportées par des pieds à balustres et chapiteaux d'ordre ionique, en bois de noyer sculpté, orné de moulures et d'incrustations en bois noir; la vitrine, garnie de glaces et montée en cuivre argenté, contient des étagères disposées pour recevoir des objets précieux. Haut. 1 mètre 80 cent., long. 1 mètre 15 cent., larg. 72 cent.

3051 — Deux vitrines d'applique, garnies de glaces de forme rectangulaire, à angles arrondis par le haut, en bois de noyer, avec moulures en bois noir. Haut. 90 cent. sur 1 mètre 30 cent.

3052 — Grande étagère en bois d'acajou, à deux corps superposés. Haut. 1 mètre 70 cent. sur 2 mètres 10 cent. de longueur.

3053 — Grand meuble formant casier, à trois corps ; celui du centre ferme à deux vantaux formés de panneaux peints sur bois, provenant d'un tryptique flamand représentant une famille en prière. Ce meuble est enrichi de deux colonnes torses en marbre blanc, ornées de mosaïques en verroterie de diverses couleurs. Ouvrage italien du treizième siècle. La tablette est à moulures en marbre rouge veiné. Haut. 1 mètre 20 cent., long. 3 mètres 60 cent.

3054 — Une armoire vitrine à deux vantaux vitrés, en bois d'ébène ; tablette en porphyre du Christ. Haut. 1 m. 10 cent., larg. 1 m. 45 cent.

3055 — Quatre petites consoles, époque Louis XVI, ornées de guirlandes en bois sculpté et doré ; avec tablettes en marbre blanc.

3056 — Une grande console style Louis XVI, avec entrejambe, ornée de guirlandes de fleurs ; le tout en bois sculpté et doré. Tablette à moulures en marbre blanc. Haut. 1 m., long. 1 m. 40 cent.

3057 — Six paires de bras à cinq branches, formés par des bouquets de fleurs en bronze doré, se rattachant à deux vases d'applique, en porcelaine céladon bleu turquoise; très-belle qualité ancienne.

3058 — Deux candélabres à cinq lumières, formés par des bouquets de fleurs en bronze doré, supportés par des chimères en céladon bleu turquoise dont les piédestaux sont émaillés en violet. De belle qualité ancienne.

3059 — Deux autres candélabres à huit lumières; bouquets de fleurs en bronze doré supportés par des tiges forme bambou, en céladon bleu turquoise de très-belle qualité ancienne.

3060 — Un vase à couvercle, forme de fruit, en porcelaine céladon bleu turquoise richement monté en bronze doré; le socle est orné de deux chimères et de deux crabes en même porcelaine. Pièce d'une beauté remarquable.

3061 — Un vase à six pans, en porcelaine céladon bleu turquoise à dessins gaufrés sous émail. Monture en bronze doré.

3062 — Beau lustre à vingt lumières en bronze doré, formé de tiges et de branches de fleurs, orné de quatre perroquets et de douze chimères en porcelaine céladon bleu turquoise de très-belle qualité ancienne.

3863 — Un autre lustre moins grand, à quinze lumières. Monture analogue au précédent; enrichi de porcelaine bleu turquoise.

3064 — Une armoire en marqueterie de Boule; cuivre et étain sur fond d'écaille rouge, ouvrant à un vantail à glace, richement garni de bronze doré. Haut. 1 m. 90 cent., larg. 1 m. 10 cent.

3065 — Deux encoignures en marqueterie de Boule, cuivre et étain, fermant à une porte vitrée, richement garnies de bronze doré, avec tablettes en marbre vert de mer Haut. 1 m. 10 cent., larg. 90 cent.

3066 — Divers piédestaux et fûts de colonnes en matières précieuses seront vendus en plusieurs lots.

3067 — Une girandole à trois lumières en bronze doré.

3068 — Deux tablettes de guéridon en porphyre de Suède.

3069 — Deux baromètre et thermomètre en bois d'acajou et moulures en ébène garnis en bronze doré. Époque Louis XIV.

TABLEAUX

DÉSIGNATION

DES TABLEAUX

BRASCASSAT (B.-R.), signé et daté 1842.

1 — Taureau, Vache et Chèvre à la prairie.

H. 1 m. 48 c. L. 1 m. 94 c.

Cette œuvre importante du plus habile peintre d'animaux de notre époque, est surtout remarquable par la réunion de toutes les rares qualités qui l'ont placé si haut.

DROLLING.

2 — La jeune Mère abandonnée.

Une femme ayant son enfant sur les genoux, regarde en pleurant un portrait qu'elle tient à la main.

H. 39 c. L. 31 c.

GREUZE (B.-B.).

3 — Jeune paysan vêtu d'une veste grise et d'un gilet jaune.

H. 53 c. L. 45 c.

Toutes les qualités qui distinguent le talent du maître se retrouvent dans ce charmant tableau.

HACKERT.

4 — Paysans arrêtés devant une chaumière.

H. 19 c. L. 24 c.

HAVERMAN (Marguerite). Signé, daté 1716.

5 — Riche bouquet de fleurs dans un vase de marbre.

DE LA MÊME.

6 — Même sujet.

H. 79 c. L. 60 c.

Cette habile artiste, la meilleure des élèves de Van Huysum, eut assez de talent pour que quelques-unes de ses productions fussent attribuées à son maître, dont elle excita, dit-on, la jalousie.

KESSEL (Van).

7 — Nature morte.

Le milieu du tableau est occupé par un amas d'armes et de cuirasses damasquinées en or. A gauche, un singe et un perroquet se disputent des fruits. A droite, des poissons s'échappent d'une cascade.

H. 2 m. 8 c. L. 2 m. 67 c.

LÉPICI

8 — Jeune Femme vêtue de blanc; elle est assise dans un fauteuil et tricote.

H. 15 c. L. 10 c

Charmant petit tableau plein de finesse.

MEULEN (Vander).

9 — Combat de cavalerie.

H. 58 c. L. 68 c.

MOUCHERON.

10 — Paysage accidenté; effet de soleil couchant.

H. 63 c. L. 79 c.

OSTADE (ADRIEN) VAN.

11 — Une Femme assise près d'une fenêtre tient une lettre et une pipe.

H. 27 c. L. 25 c.

Ce tableau, bien que peu important par sa composition, est de la plus belle manière du maître.

POELEMBURG (C.).

12 — Nymphe surprise par des bergers.

H. 36 c. L. 27 c.

RACHEL RUYSCH.

13 — Fleurs dans un vase de cristal.

DE LA MÊME.

14 — Même sujet.

H. 93 c. L. 74 c.

Tableaux exécutés avec la finesse et le précieux qui caractérisent le talent de cette célèbre artiste.

SCHEFFER (Ary). Signé, daté 1850.

15 — Le roi de Thulé.

Réduction par lui-même de son célèbre tableau.

H. 46 c. L. 35 c.

SNEYDERS et RUBENS.

16 — Sujet mythologique.

D'énormes poissons ont été déposés sur un rocher au bord de la mer, par des tritons dont l'un apporte aussi des coraux dans une énorme coquille. Plus loin, avec tout l'appareil de sa puissance, se montre Neptune dans une conque, entouré de divinités maritimes.

H. 2 m. 8 c. L. 3 m. 40 c.

Admirable tableau digne des deux maîtres qui s'y sont réunis.

TÉNIERS (D.).

17 — Intérieur de cabaret.

Trois paysans devant une cheminée; l'un d'eux, assis à côté d'un tonneau, bourre sa pipe; une cruche est près de lui à terre. Plus loin, dans le fond, on aperçoit un autre personnage.

H. 21 c. L. 17 c.

Nous recommandons particulièrement ce tableau, l'un des plus beaux de ce maître inimitable, à l'attention des connaisseurs.

DU MÊME.

18 — Le Joueur de vielle.

DU MÊME.

19 — Le Charlatan.

Du cabinet de la comtesse de Verrue.

H. 16 c. L. 10 c.

Ces deux petits pendants sont de la touche la plus spirituelle du maître.

TÉNIERS (D.).

20 — Petit paysage orné de figures. Effet de soleil couchant.

H. 14 c. L. 19 c.

WOUWERMANS (Ph.).

21 — Le Cerf forcé.

« Riche et vaste paysage de site montueux ; on voit au milieu un reste de ferme à colombier, la base est dégarnie de pierres et de briques, et descend sur le bord d'une rivière formant torrent, et dont les eaux se fraient un passage à travers les rochers ; des voyageurs accompagnés de dames observent les effets pittoresques et le mouvement des eaux, tandis que d'intrépides chasseurs, suivis de leurs chiens, poursuivent un cerf et sont près de l'atteindre. »
(Catalogue des tableaux de l'Élysée.)

H. 2 m. 8 c. L. 2 m. 67 c.

M. Louis Fould avait acquis ce magnifique et important tableau à la vente de madame la duchesse de Berry. Nous croyons pouvoir nous dispenser de tout autre éloge, la collection dont il a fait partie ne renfermant que des chefs-d'œuvre.

ÉCOLE DE L'EMPIRE.

22 — Vénus retenant Adonis.

H. 22 c. L. 18 c.

PRIX : 1 FRANC

Au profit des gardiens et des employés chargés du service de la vente.

www.ingramcontent.com/pod-product-compliance
Lightning Source LLC
Chambersburg PA
CBHW060228190426
43200CB00040B/1684